Lichteffekte mit Halogen

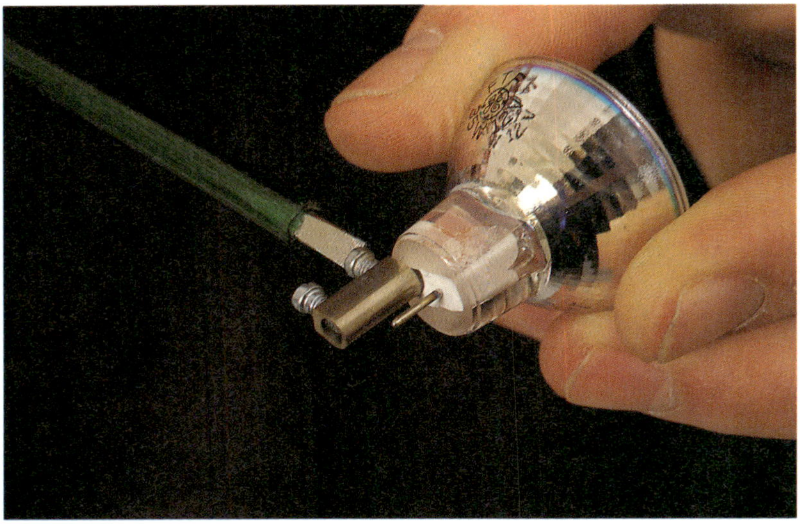

Johannes R. Felix

Lichteffekte mit Halogen

FALKEN

Inhalt

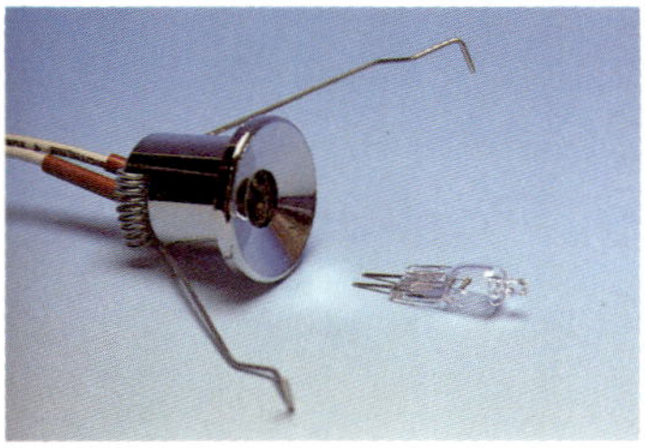

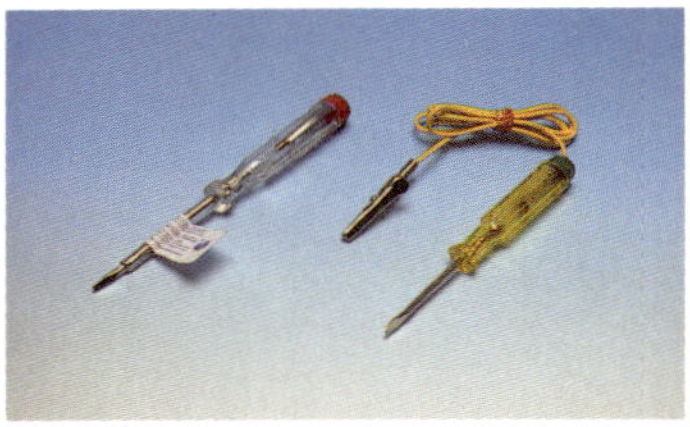

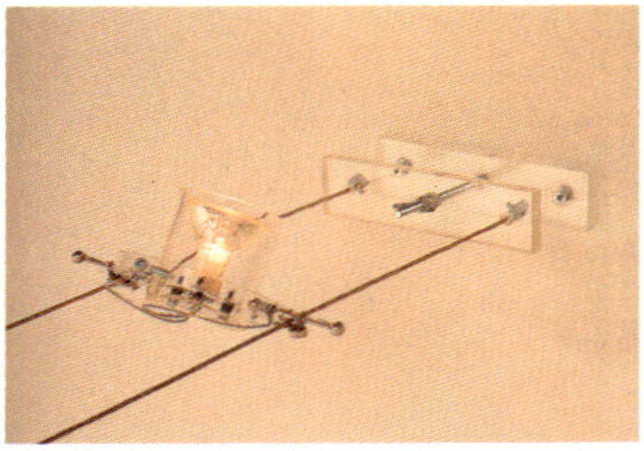

Grundlagen der Lichttechnik

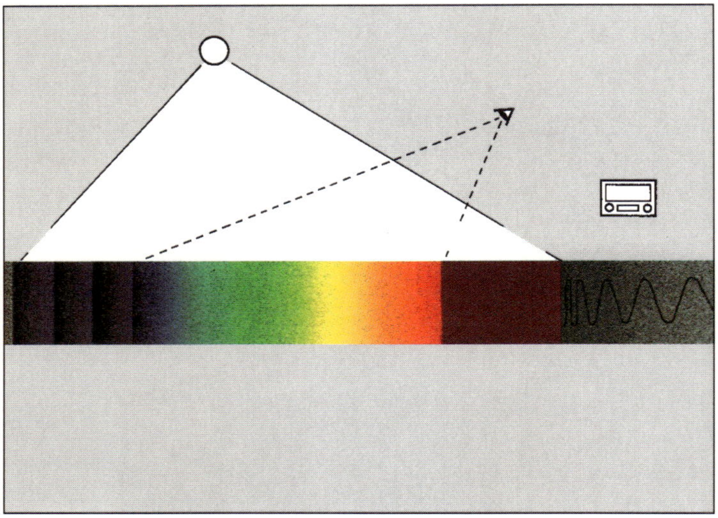

Abb. 1

Das Licht

Licht ist die Grundvoraussetzung für jede optische Wahrnehmung; Sehen wäre ohne Licht unmöglich. Licht selbst ist eine elektromagnetische Strahlung. Das menschliche Auge nimmt einen Teil seines Spektrums **(1)** wahr, und zwar im Bereich von 400 bis 800 Nanometer (nm). Andere Bereiche des Spektrums kann der Mensch nicht sehen. Dazu zählt ultraviolettes Licht mit einer Wellenlänge unter 400 nm und Infrarotlicht mit einer Wellenlänge über 800 nm.
Licht besteht für uns aus annähernd gleich starken Wellen aller Wellenlängen, die das Auge erfassen kann. Der Mensch nimmt eine Vielzahl der Wellen als »weißes Licht« wahr. Doch das Licht besteht aus vielen verschiedenen Farben. Wenn Sie einen Sonnenstrahl durch ein Prisma fallen lassen, spaltet sich das einfallende weiße Licht in einfarbiges Spektrum auf, das an einen Regenbogen erinnert. Das Prisma macht die unterschiedlichen Wellenlängen des Lichtes sichtbar. Blau besitzt eine Wellenlänge von 400, Rot eine von 800 nm. So erklären sich die Spektralfarben Rot, Orange, Gelb, Grün, Blau und Violett.

Künstliches Licht

Auch das künstliche Licht, das wir als weißes Licht wahrnehmen, setzt sich aus verschiedenen Spektralfarben zusammen. Je nach Art der Lichtquelle verwendet man unterschiedliche Anteile des Spektrums. Wenn wir etwas als »schlecht ausgeleuchtet« wahrnehmen, bedeutet dies, daß Teile des kontinuierlichen Spektrums fehlen. So erklärt es sich, warum ein blauer Pullover bei schlechter Warenhausbeleuchtung ein anderes Blau aufweist als bei Sonnenschein im Freien. Ein kontinuierliches Spektrum besitzen die Sonne, eine Glühlampe oder auch eine Kerze, und das, obwohl sie sich nicht immer aus den gleichen Lichtfarben zusammensetzen.
Das Spektrum des Sonnenlichts verändert sich beispielsweise im Laufe eines Tages: Mittags weist es mehr Blauanteile auf, bei Sonnenuntergang mehr Rotanteile. Auch eine gedimmte Glühlampe verändert ihr Spektrum, es verschiebt sich beim Dimmen zum roten Bereich hin. Trotz dieser Verschiebungen ist die Lichtwirkung angenehm, da das Spektrum kontinuierlich bleibt.
Licht entsteht durch Freisetzen von Energie. Verbrennung war bis zum Ende des vorigen Jahrhunderts die einzig bekannte Möglichkeit, künstlich Licht zu erzeugen. Feuer erleuchtete die Höhlen der Urmenschen. Im Altertum tränkten die Menschen Fackeln in Pech oder Harz, um bei Dunkelheit sehen zu können. Griechen und Römer beleuchteten ihre Häuser mit Öllampen, und Goethe schrieb seine Gedichte und Dramen im dämmrigen Kerzenschein.
Ende des 18. Jahrhunderts kam die Gasbeleuchtung auf, die es erlaubte, auch größere öffentliche Bereiche zu beleuchten. Anfang des 19. Jahrhunderts erfand man die Bogenlampe, bei der mit Hilfe von zwei Kohlestiften Licht erzeugt wurde. Die aus unserer modernen Welt

nicht mehr wegzudenkenden Leuchtstofflampen gesellten sich erst sehr viel später zu den künstlichen Lichtquellen. Bei ihnen ist ein relativ komplizierter physikalischer Vorgang notwendig, um Licht zu erzeugen. Ihren Durchbruch verdanken die Leuchtstofflampen der hohen Wirtschaftlichkeit und verbesserten Qualität des Lichtes. Obwohl man kompakte Leuchtstofflampen heute auch in vielen Wohnungen antrifft, dominiert im privaten Bereich die Glühlampe **(2)**, die man wegen ihrer großen Einsatzmöglichkeiten auch Allgebrauchsglühlampe nennt.

Abb. 2

Die Glühlampe

Grundsätzlich hat sich im Laufe der Jahre an dem Aufbau einer Glühlampe nichts verändert. Die Wirkungsweise der heutigen Produkte unterscheidet sich lediglich geringfügig von der ersten funktionsfähigen Glühlampe, die der Amerikaner Thomas A. Edison (1847 bis 1931) entwickelte.
Die Unterschiede der heutigen Produkte im Vergleich zur Urlampe liegen im wesentlichen in der Qualität und der Vielseitigkeit der eingesetzten Materialien.
Die Glühlampe erzeugt Licht, indem man in ihr – wie der Name schon andeutet – durch Stromzufuhr einen Metallfaden zum Glühen bringt. Der relativ dünne Draht der in Form einer Schraubenlinie gewunden ist, setzt dem Strom einen derart hohen Widerstand entgegen, daß er zu glühen beginnt und dadurch Licht erzeugt. An der Luft würde der glühende Draht sofort mit Sauerstoff reagieren und dadurch zerstört werden. Deshalb entfernt man den Sauerstoff aus dem Glaskolben der Lampe. Dieses Vakuum verhindert zwar das sofortige Zerstören der Wendel, es kann jedoch nicht ein Ablösen von Teilen der Wendel unterbinden, das etwa bei einer Temperatur von 2400 Grad Celsius beginnt. Glühwendeln fertigt man aus Wolfram an, das einen Schmelzpunkt von 3410 Grad Celsius besitzt.
Bei 2400 Grad Celsius beginnen die Wolframatome sich von der Wendel zu lösen. Das verdampfte Material legt sich auf der Innenoberfläche des Glaskolbens ab. Die Glühlampe schwärzt sich sichtbar. Dieser Effekt verringert nicht nur den Querschnitt der Wendel und damit die Lebensdauer der Lampe, er beeinträchtigt auch deutlich ihren Wirkungsgrad. Das erzeugte Licht muß erst durch den geschwärzten Kolben und büßt dadurch erheblich von seiner Stärke ein. Deshalb versuchten die Forscher diesen Effekt bei der Glühlampe zu beseitigen. Das Ergebnis ihrer Arbeit war die Halogenglühlampe **(3)**.

Die Halogenglühlampe

Durch einen Zusatz in der Kolbenfüllung – nämlich Halogene in Form von Brom – leitet man den sogenannten Halogenkreisprozeß **(4)** ein.
Das unter hohem Druck eingefüllte Gas – am häufigsten verwendet man Brom als Füllgas – kann zwar nicht verhindern, daß sich Wolframatome bei hohen Temperaturen von der Wendel lösen. Wenn sich allerdings das Wolframatom dem relativ kalten Bereich des Glaskolbens nähert, verbindet es sich mit

Abb. 3

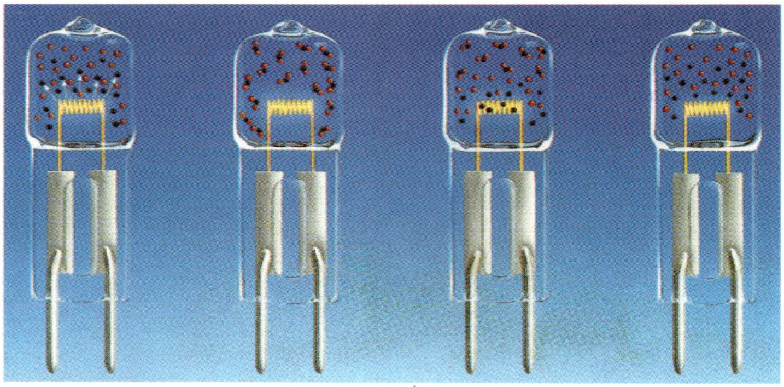

Abb. 4

Brommolekülen zu Wolframbromid. Dadurch schlägt es sich nicht an der Außenwand nieder, sondern bleibt Bestandteil des Füllgases.
Durch die thermisch bedingte Zirkulation nähert es sich wieder der heißen Glühwendel. Hier zerfällt die Verbindung vom Brom und Wolfram; das Wolframatom lagert sich auf der Wendel ab.
Durch diese technischen Veränderungen ergeben sich eine Vielzahl von Vorteilen gegenüber einer herkömmlichen Glühlampe. Durch den beschriebenen Halogenkreisprozeß verdreifacht sich die Lebensdauer von rund 1000 Stunden bei herkömmlichen Glühlampen auf 3000 Stunden bei Halogenglühlampen. Während dieser Zeit produziert die Lampe »weißeres Licht«, das Licht einer Glühlampe erscheint dem Betrachter rötlicher. Der Grund dafür liegt in der höheren Temperatur, die die Glühwendel einer Halogenlampe erzeugt. Der Metallfaden wird auf 3000 Grad Celsius erhitzt. Dadurch produziert die Halogenlampe Licht einer anderen spektralen Zusammensetzung als die Allgebrauchsglühlampe, die mit vergleichsweise geringen 2700 Grad Celsius arbeitet.
Durch die Verschiebung der spektralen Zusammensetzung erhöht sich auch der Anteil des sichtbaren Lichtes an der Gesamtstrahlungsmenge. Tatsächlich werden lediglich 15 Prozent der produzierten Strahlung als sichtbares Licht abgegeben, der Rest verpufft als Wärmestrahlung. Dieser Umstand erklärt, warum sich die Glaskörper immens aufheizen. Der Quarzglaskolben der Halogenlampe heizt sich auf 600 Grad Celsius auf. Das gilt es beim Umgang mit Halogenlampen zu berücksichtigen. Selbstverständlich sollte für Sie deshalb sein, diese Lampe niemals im Betriebszustand zu berühren. Im abgekühlten Zustand sollten Sie jeden direkten Fingerkontakt mit dem Kolben vermeiden, weil Fettreste, die sich immer auf unserer Haut befinden, auf dem Glas haften bleiben.
Beim Leuchten erhitzen sich diese Ablagerungen so stark, daß sie sich in das Glas einbrennen und es zerstören können. Deshalb ist es ratsam, die Lampen ausschließlich mit einem weichen Lappen, einem Papiertaschentuch oder mit dem in der Packung der Lampe mitgelieferten Pappstreifen zu berühren.

Abb. 5

Der entscheidende Vorteil der Halogenlampe gegenüber der normalen Glühlampe liegt in der Niedervolttechnik (siehe Seite 21/22). Im Gegensatz zu den 230 Volt, die Allgebrauchsglühlampen benötigen, ermöglicht Ihnen die Niedervolttechnik einen relativ gefahrlosen Umgang, vor allem beim Bau von Leuchten und Systemen.
Der nicht fachmännische Umgang mit Hochvoltsystemen kann lebensgefährlich sein

(siehe Kapitel »Sicherheitsmaßnahmen«, Seite 20). Niedervoltleuchten kann man von den Abmessungen her sehr viel kleiner halten als vergleichbare Hochvoltleuchten; die Lampenkörper sind um ein Vielfaches kleiner. Dies bedeutet, daß eine Normalglühlampe den fünffachen Außendurchmesser einer vergleichbaren Niedervoltlampe besitzt und die dreifache Länge aufweist. Eine Besonderheit innerhalb der Halogenglühlampen stellt die Ausführung mit Kaltlichtspiegelreflektor **(5)** dar. Der infrarotdurchlässige Reflektor ist für die Beleuchtung von wärmeempfindlichem Gut besonders geeignet, weil rund zwei Drittel der Wärmestrahlung nicht in Richtung der Lichtstrahlung wirken. Dadurch ändert sich die Lichtfarbe der Lampe, denn die Rotanteile, die für die Wärmestrahlung verantwortlich sind, filtert man damit heraus. Die Farbtemperatur ist dadurch weißer als bei vergleichbaren Lampen ohne infrarotdurchlässigem Reflektor. Das dekorative Farbenspiel der Facetten im Lampenkörper stellt für sich selber einen attraktiven Blickfang dar, der die Lampe für Leuchten mit moderner Ausrichtung prädestiniert. Neuerdings bietet man diesen Lampentyp mit Frontglasscheibe an. Diese Glasscheibe reduziert die UV-Strahlung, die beispielsweise für das Ausbleichen von Textilien verantwortlich sein kann, und stellt einen wirksamen Schutz vor Berührungen der heißen Lampe dar. Das Angebot an Halogenlampen mit Kaltlichtspiegelreflektor umfaßt Ausführungen von 20 bis 75 Watt Leistungsaufnahme. Außerdem gibt es alle Lampen mit verschiedenen Ausstrahlungswinkeln, so daß man etwas punktuell anstrahlen oder flächendeckend beleuchten kann.

Energieverbrauch und Umweltschutz

Halogenglühlampen nutzen den Strom weitaus effektiver als Allgebrauchsglühlampen aus. Das Verhältnis von eingesetzter Energie (Watt) und erzeugtem Lichtstrom (Lumen, lm) ist bei Halogenglühlampen etwa doppelt so hoch wie bei einer Allgebrauchsglühlampe. Eine 100-Watt-Halogenglühlampe erzeugt 25 lm/Watt, die Allgebrauchsglühlampe hingegen schafft bei gleicher Energiemenge lediglich 13,8 lm/Watt. Halogenlampen benötigen also bei gleicher Leistung nur die Hälfte an Strom und gehen mit unserer kostbaren Energie weitaus wirtschaftlicher um als Allgebrauchsglühlampen.
Bei einer 100-Watt-Halogenlampe mit einer Lebensdauer von 3000 Stunden sparen Sie bei einem Strompreis von 0,23 DM pro Kilowattstunde immerhin 69 DM gegenüber einer Allgebrauchsglühlampe. Bei einer Art der Vergleichsführung dürfen Sie jedoch nicht außer acht lassen, daß Sie sich die neue Technik auch teurer erkaufen müssen. Abgesehen von dem erheblich höheren Einkaufspreis der Halogenlampe, der je nach Ausführung und Leistung zwischen sieben und 35 DM liegt, addieren sich die Kosten, die für einen Transformator und eine in der Regel aufwendigere Verdrahtung bei der Installation anfallen. Einer langfristigen Einsparung von Energie und der damit verbundenen Schonung der Umwelt steht also eine höhere Anfangsinvestition entgegen. Die überzeugenden Vorteile der Halogenlampe sind demnach nicht im Preis zu finden. Sie liegen im Bereich der Anwendung.
Verbrauchte Halogenglühlampen bereiten übrigens unserer Umwelt wenig Probleme. Sie müssen diese nicht gesondert entsorgen, sondern Sie können defekte Halogenlampen über den normalen Hausmüll abgeben.

Lichtplanung und Elektrotechnik

Licht und Leuchte als Gestaltungsmittel

Der amerikanische Beleuchtungsplaner Richard Kelly, einer der bedeutendsten Lichtplaner der Welt, hat einmal die Bestandteile einer Beleuchtungsanlage folgendermaßen beschrieben: »Wir benötigen insgesamt drei Komponenten, denen je nach Raumsituation ein unterschiedlicher Stellenwert bei der Lichtplanung zukommt:

- Licht zum Sehen,
- Licht zum Hinsehen,
- Licht zum Ansehen.«

Erst wenn man jeden dieser Bereiche bei der Gestaltung berücksichtigt, kann man von einer gelungenen Lichtplanung sprechen.

Licht zum Sehen

Das Licht zum Sehen stellt den wichtigsten der drei Punkte dar, denn ohne dieses Licht könnten wir die meisten Sehaufgaben nicht erfüllen. Künstliches Licht zum Sehen ermöglicht uns, unsere Umwelt auch nach Sonnenuntergang wahrzunehmen, uns zu orientieren, die Dinge deutlich zu erkennen. Je nach Raumsituation und Zweck unterscheidet man die unterschiedlichsten Lichtquellen: Die Straßenlaterne ermöglicht, sich auch auf fremdem Terrain sicher zu bewegen, die Beleuchtung am Arbeitsplatz **(1)** – vor allem die Schreibtischlampe – sorgt dafür, daß wir unsere Sehaufgaben wahrnehmen

Abb. 1

können, und mit der Leselampe ist es möglich, auch nachts in Büchern zu stöbern. Entscheidend beim Licht zum Sehen ist die Beleuchtungsstärke. Sie muß ausreichen, den angestrebten Zweck zu erfüllen, beispielsweise eine Straße so auszuleuchten, daß Fußgänger nicht ins Stolpern geraten. Für Arbeitsplätze gibt es eine spezielle Norm, die DIN 5035 »Beleuchtung mit künstlichem Licht«, die festlegt, wie hoch die Mindestbeleuchtungsstärke ausfallen muß, um bestimmte Arbeitsaufgaben – und damit Sehaufgaben – ausführen zu können. So fordert die Norm zum Beispiel für die Beleuchtung eines fensterorientierten Arbeitsplatzes eine Mindestbeleuchtungsstärke von 300 Lux (lx). Lux ist die Einheit, in der man Beleuchtungsstärken angibt. Auch bei der Lichtplanung im privaten Bereich kommt dem Licht zum Sehen eine herausragende Bedeutung zu. So sollte die Beleuchtungsstärke immer ausreichen, einen Raum, falls nötig, völlig zu erhellen. Licht zum Sehen sollte immer dort verfügbar sein, wo es benötigt wird. So ist es beispielsweise in der Küche sinnvoll, nicht nur über eine ausreichend starke Deckenbeleuchtung zu verfügen, sondern auch über Licht, das die Arbeitsbereiche direkt ausleuchtet. Empfehlenswert sind hier zusätzliche Leuchten, die sich über dem Herd oder dem Küchentisch befinden. Andernfalls ist die Gefahr der Verschattung sehr hoch, sei es durch Gegenstände wie Hängeschränke oder durch den eigenen Körper. Deshalb ist es in allen Räumen generell sinnvoll, Licht zum Sehen aus verschiedenen Lichtquellen zu schaffen. Nur so vermeiden Sie, daß Sie sich mit dem eigenen Körper das Licht nehmen.
Licht zum Sehen stellt jedoch letztlich nur rein quantitative Anforderungen an die Beleuchtungsstärke. Es besagt wenig über die psychologische Wirkung, also wie angenehm wir eine Beleuchtung empfinden. Bei der Lichtplanung geht es aber nicht nur darum, Helligkeit zu erzeugen, sondern auch darum, bewußt gezielte Effekte zu erzielen.

Licht zum Hinsehen

Psychologische Effekte erzeugt das Licht zum Hinsehen. Schon die Wortwahl weist auf die Tatsache hin, daß man mit Hilfe von Licht auf etwas hinweisen will. Bilder oder auch bestimmte Kunstobjekte sind typische Beispiele dafür, wo dieser Hinseheffekt ganz besonders gewünscht ist.

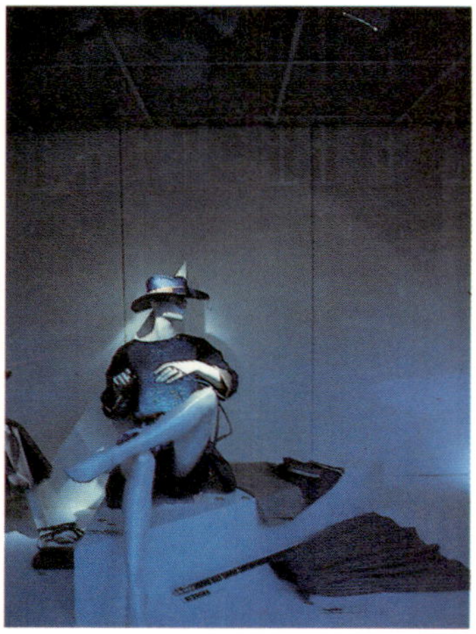

Abb. 2

Abb. 3

Dafür stehen verschiedene Möglichkeiten zur Verfügung. Die gebräuchlichste Form ist das Arbeiten mit hohen Beleuchtungsstärken. Ein Bild, das man stärker beleuchtet als seinen Hintergrund, zieht eine erhöhte Aufmerksamkeit auf sich. Besonders deutlich fällt dieser Effekt der Beleuchtung bei einem nächtlichen Bummel durch unsere Innenstädte auf. Die Schaufenster der Geschäfte ziehen durch ihre Beleuchtung den Blick auf sich **(2)**. Und sogar innerhalb der Schaufenster werden unsere Augen durch bewußt gesetzte Strahler auf bestimmte Waren gelenkt.
Der erzielte Effekt hängt im wesentlichen von der Umgebungshelligkeit ab.
Für einen deutlichen Akzent muß man die Beleuchtungsstärke gegenüber der Umgebungshelligkeit verzehnfachen. Dafür eignen sich besonders gut Leuchten im »Spot-Charakter«, die auf einer relativ kleinen Fläche hohe Beleuchtungsstärken erzeugen können. Spot kommt aus dem Englischen, bedeutet Fleck oder Punkt, den man ausleuchtet.
Je nachdem, wie geschickt man Licht zum Hinsehen in Räumen einsetzt, erleben wir die Beleuchtung als angenehm oder unangenehm. Wesentlich ist dabei, daß sich der Blick durch unterschiedliche Beleuchtungsstärken auf besonders sehenswerte Teile des Raumes richtet, sei es ein Bild, eine Pflanze oder auch ein Tisch **(3)**. Unattraktive Raumelemente sollte man dagegen schwächer anleuchten.
Eine andere Möglichkeit, mit Hilfe der Beleuchtung Gegenstände zu akzentuieren, ist die Verwendung von bestimmten Farbfiltern **(4)**. Diese plaziert man vor die Leuchte und produziert so farbiges Licht. Durch Farbverfremdung bewirken sie auch eine Veränderung bei der Wahrnehmung. Ein farbig angeleuchtetes Bild kann darunter leiden. Aber genausogut können Sie mit farbigem Licht Raumstimmungen unterstreichen. So gibt es spezielle Leuchten mit hohem Rotanteil für Schminktische; die Haut erscheint dadurch in einem vorteilhaften Licht.

Licht zum Ansehen

Der dritte Punkt, das Licht zum Ansehen, schließt den Leuchtkörper mit ein **(5)**. Hier steht nicht die Lichtwirkung im Vordergrund, sondern die Leuchte selbst. Das berühmteste Beispiel für Licht zum Ansehen ist wohl der Kronleuchter. In der modernen Raumgestaltung nehmen seinen Platz illuminierte Objekte neuzeitlicher Designer ein. Gerade unter den Halogenleuchten weisen viele Quali-

Abb. 4

täten im Bereich »Licht zum Ansehen« auf. Man denke nur an die Kaltlichtreflektoren, die mit ihrer facettenhaften Oberfläche einen attraktiven Blickpunkt darstellen. Mit diesen drei Punkten lassen sich alle Beleuchtungsaufgaben eingrenzen und adäquate Lösungen finden.

Atmosphäre kommt nicht von allein

Für die Lichtplanung ist nicht nur der Zweck, den Leuchten erfüllen, entscheidend, sondern auch die Wirkung, die sie erzielen. Um eine bestimmte Atmosphäre mit Licht zu erzeugen, müssen Sie weitere Faktoren berücksichtigen. Dazu zählen:

- Die Ausgestaltung des Raumes.
- Die Wirkung, die bestimmtes Licht auf den Menschen hat, also die psychologische Komponente.
- Die Art, wie man die Leuchten plaziert.

Die Wirkung einer Leuchte hängt im wesentlichen von

- der Farbgebung,
- der Struktur und
- dem Reflexionsverhalten der Umgebungsflächen ab.

Die Menge der reflektierten Strahlung richtet sich nach dem Reflexionsgrad der Farbe. Besonders viel, nämlich 70 bis 80 Prozent, reflektiert die Farbe Weiß, 1 bis 10 Prozent dagegen nur die Farbe Schwarz. Die Farben eines Raumes – von der Decke

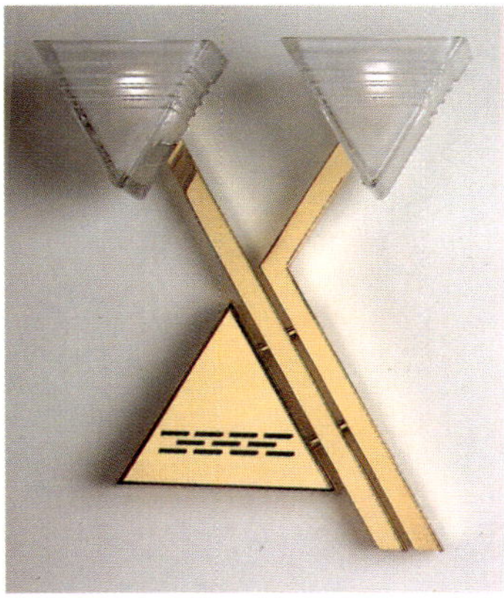

Abb. 5

über die Tapete und die Einrichtungsgegenstände bis hin zum Fußboden – gilt es bei der Lichtplanung besonders zu berücksichtigen. So muß man zum Beispiel einen mit dunklen Holzdecken und -wänden verkleideten Raum stärker belichten als ein weißes Zimmer, um die gleiche Helligkeit zu erzeugen.
Die Struktur einer bestimmten Oberfläche beeinflußt ebenfalls die Intensität der Reflexion. Man unterscheidet zwei Reflexionsarten:

- Gerichtete Reflexion
- Gestreute Reflexion

Ob Licht gerichtet oder gestreut reflektiert wird, hängt davon ab, ob eine glatte oder matte Oberfläche vorliegt. Das typische Beispiel für eine gerichtete Reflexion liefert ein Spiegel. Seine hochglänzende, glatte Oberfläche reflektiert das Licht gerichtet. Hier gilt die Gesetzmäßigkeit: Einfallswinkel gleich Ausfallswinkel.
Bei der gestreuten Reflexion gilt diese Gesetzmäßigkeit nicht. Trifft ein Lichtstrahl auf eine matte Oberfläche, wird in alle Richtungen reflektiert. Wenn Sie einen Raum gleichmäßig beleuchten wollen, eignet sich dafür besonders ein Deckenfluter, der seine breite Ausstrahlung auf eine matte Decke richtet.
Gleichgültig, ob die Oberfläche das Licht gezielt oder gerichtet reflektiert, es wird dadurch nicht die Menge des weitergegebenen Lichtes beeinflußt.
Eine hochglänzende, dunkel lackierte Oberfläche reflektiert zwar gerichtet, gibt aber lediglich einen Teil der Lichtmenge weiter. Eine weiße Fläche hingegen reflektiert bis zu 80 Prozent.
Ohne Reflexion wäre eine indirekte Beleuchtung eines Raumes nicht möglich. Bei einer indirekten Beleuchtung richtet man den Lichtstrahl – im Gegensatz zur direkten – erst gegen eine matte Fläche. Dies hat den Vorteil, daß man das Beleuchtungsniveau im Raum gleichmäßiger verteilt. Wollen Sie Licht zum Hinsehen erzeugen, erzielt ausschließlich direktes Licht gute Ergebnisse.

Leuchtdichte und Beleuchtungsstärke

Neben diesen Faktoren spielt die Lichtmenge eine Rolle für die Atmosphäre eines Raumes. Die hell erleuchteten Büros sind zwar für die Sehaufgaben des Arbeitsalltags unentbehrlich. Doch niemand käme auf die Idee, die gleiche Beleuchtung für eine wohnliche At-

Abb. 1

Abb. 2

mosphäre zu verwenden **(1)**. Bei der Lichtplanung müssen Sie nicht nur die Qualität des Lichtes, sondern auch seine Dosierung berücksichtigen. Die Beleuchtungsstärke im Freien schwankt innerhalb von 24 Stunden zwischen 0,25 Lux während der Nacht und 100 000 Lux um die Mittagszeit bei klarem Himmel und Sonnenschein. Hinzu kommen Veränderungen im Spektrum des Tageslichts: mittags weist es mehr Blauanteile auf, frühmorgens und abends mehr Rotanteile **(2)**.
Das Phänomen der Lichtveränderung kann man deutlich beim Sonnenauf- oder -untergang beobachten, wenn sich der Himmel rot färbt.
Psychologen gehen davon aus, daß sich der Mensch über die Jahrtausende an diese natürlichen Schwankungen der Beleuchtungsstärke und der Farbstimmung gewöhnt hat. Man verbindet mit den unterschiedlichen Lichtstimmungen zu den verschiedenen Tageszeiten unbewußt bestimmte Gefühle. So kann beispielsweise ein Sonnenuntergang romantische Assoziationen wecken. Diese Gefühle können Sie auch hervorrufen, indem Sie die künstliche Beleuchtung in Stärke und Farbe den Tageszeiten anpassen. Die Beleuchtungsstärke bei einem Sonnenuntergang beträgt wenige Lux, genau wie bei einer stark gedimmten Glühlampe. Da auch die Farbstimmung ähnlich ist, empfindet man die Atmosphäre in Räumen, die mit stark gedimmtem Glühlampenlicht ausgeleuchtet sind, als angenehm.
Die Höhe der Beleuchtungsstärke und die Farbstimmung sind jedoch nur ein Aspekt bei der subjektiven Einschätzung von Helligkeit. Obwohl die Verhältnisse der Beleuchtungsstärke auf einer weißen und auf einer schwarzen Wand objektiv gleich sind, bewertet man deren Helligkeit anders. Die weiße Fläche erscheint heller, obwohl die gleiche Beleuchtungsstärke auch auf der schwarzen vorhanden ist. Dieses Phänomen hängt mit den Reflexionseigenschaften der einzelnen Farben zusammen.
Fällt das Licht einer Halogenglühlampe auf eine rote Fläche, so wird das Licht rot reflektiert. Die Gesichtsfarbe nimmt beispielsweise eine blaß rötliche Tönung an, wenn sich Personen im unmittelbaren Reflexionsfeld befinden. Die Einrichtungsgegenstände des Raumes sowie sämtliche anderen Materialien werden farblich ähnlich manipuliert. Ähnlich deshalb, weil die Reflexion auf unterschiedlichen Oberflächen verschieden wirkt. Die rote Strahlung unseres Beispieles nimmt man auf einer weißen Fläche besonders deutlich wahr, auf einer schwarzen hingegen ist sie kaum mehr wirksam.
Je schlechter die Reflexionseigenschaften, sprich je dunkler eine Fläche ist, desto niedriger ist deren Leuchtdichte.
Die Leuchtdichte wird demnach bestimmt durch das Verhältnis von Beleuchtungsstärke und Reflexionsgrad einer Fläche – vorausgesetzt es handelt sich um matte Ober-

flächen mit einer ungerichteten Reflexion.
Bei Empfehlungen zum Ausleuchten von Arbeitsplätzen nach DIN 5035 gibt man das Verhältnis von Leuchtdichteunterschieden vor. Unter Leuchtdichteunterschieden versteht man den Kontrast zwischen der hellsten und der dunkelsten Fläche. Nach dieser DIN-Vorschrift sollte man die hellste Fläche nicht mehr als dreimal so stark beleuchtet wahrnehmen können wie die dunkelste.
Diese Vorschriften sind deshalb wichtig, weil die Leuchtdichteunterschiede maßgeblich die Leistungsfähigkeit mit beeinflussen.
Bei stärkeren Leuchtdichteunterschieden muß sich das Auge immer wieder auf die Helligkeitsunterschiede einstellen – und das ermüdet.
Besonders auffällig stellen sich diese Leuchtdichteunterschiede dar, wenn man direkt in eine Leuchte blickt. Die hohen Leuchtdichten der Glühwendeln blenden. Der direkte Einblick in die Lampe lenkt ab und stört die Konzentration.
Bei jeder Lichtplanung ist so darauf zu achten, daß man einen direkten Blickkontakt zur Lampe ausschließt.
Es gibt verschiedene Möglichkeiten, zu krasse Leuchtdichteunterschiede zu vermeiden.
Legt man an die Lampe eine geringere Spannung an, so erhitzt sich die Glühwendel weniger und reduziert ihre Leuchtdichte. Hilfsmittel dazu kann ein Dimmer sein, mit dem man die Spannung frei wählen kann. Außerdem ermöglicht ein Dimmer, die Leuchtstärke zu regulieren.
Dies ist vor allem in Räumen sinnvoll, die zwar generell behaglich ausgeleuchtet sein sollen, aber in denen man dennoch immer wieder ausreichend Licht zum Sehen benötigt, zum Beispiel in Wohn- oder Kinderzimmern, wo man schon einmal etwas verlegt und abends danach sucht. Eine dezente Beleuchtung reicht dafür in der Regel nicht aus.
Eine weitere Möglichkeit, die Leuchtdichte der Lampe zu kontrollieren, besteht in der Verwendung von Blenden. Diese verhindern, daß sich die Lampe im Blickfeld eines Menschen befindet. Blickfeld definiert man hier als einen Winkelbereich von 90 Grad. Dabei geht man von einer gedachten, horizontalen Linie auf Höhe der Augen aus; 45 Grad auf den oberen und 45 Grad auf den unteren Bereich, so daß die Horizontale den Ausgangswinkel von 90 Grad halbiert **(3)**.
Bei der Plazierung von Leuchten ist es absolut notwendig, das Blickfeld zu berücksichtigen. Leuchten dürfen sich bei normaler Blickrichtung nicht im Blickfeld befinden.

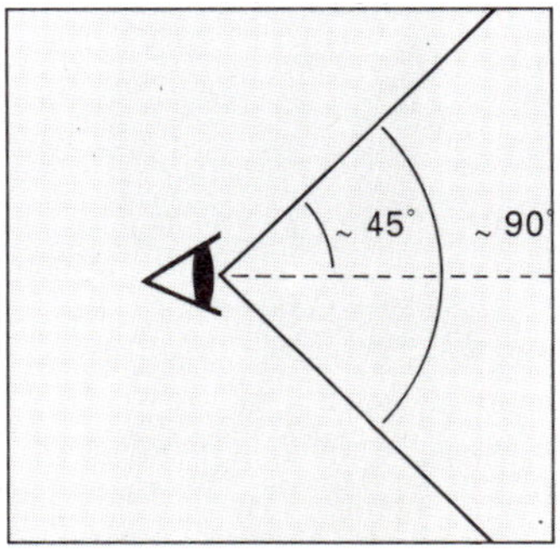

Abb. 3

Planungsbeispiel

Es leuchtet ein, daß es bei der Vielzahl der Faktoren, die bei der Lichtplanung zu berücksichtigen sind, keine Patentrezepte gibt. Man muß jeweils individuelle Lösungen suchen.
Eine Kernschwierigkeit besteht darin, daß man nicht weiß, wie eine Leuchte auf den Raum wirkt, bevor man sie angeschlossen und eingeschaltet hat. Diese Tatsache erklärt sich von selbst, wenn man sich die bereits erwähnten Einflüsse vergegenwärtigt, die die Lichtstimmung beeinflussen: die verwendeten Lampen, ihre Lichtfarbe, die Farben im Raum sowie die Oberflächenbeschaffenheit der raumbegrenzenden Flächen und des Mobiliars.
Ungeachtet dessen kann man bei der Beleuchtungsplanung auf bestimmte Erfahrungswerte zurückgreifen, die zu guten Ergebnissen führen. Für eine überschlägige Berechnung der zu erwartenden Beleuchtungsstärke kann man von folgenden Grundlagen ausgehen. Bei der Verwendung von Halogenglühlampen läßt sich eine Beziehung zwischen der eingesetzten Energie in Watt und der zu erwartenden Beleuchtungsstärke herstellen.
Man geht davon aus, daß man für 100 Lux Beleuchtungsstärke pro Quadratmeter etwa 10 Watt einkalkulieren muß. Dabei setzt man voraus, daß die Leuchten gleichmäßig im Raum verteilt sind und die Umgebungsflächen eine helle Farbgebung aufweisen.

Bei einem 15 m^2 großen Raum und einer Beleuchtungsstärke von 200 lx müßte man einsetzen:
15 x 200/100 x 10 = 300 Watt.
Dabei spielt es keine Rolle, ob die Zusammensetzung der Lampen aus 3 x 100 oder 6 x 50 Watt besteht. Die benötigte Beleuchtungsstärke richtet sich nach den Sehaufgaben, die man in dem Raum vollziehen soll. Dazu einige Anhaltswerte: Beim Fernsehen reicht eine Stärke von 50 lx, zur Raumwahrnehmung 100 lx, 300 lx zum Lesen und Arbeiten, 500 lx für hohe Sehaufgaben wie das Sortieren von Briefmarken. Wenn Sie für bestimmte Sehaufgaben eine hohe Beleuchtungsstärke benötigen, heißt dies nicht zwangsläufig, daß Sie im ganzen Raum hohe Beleuchtungsstärken benötigen. Zum Lesen müssen Sie beispielsweise lediglich das Licht auf das Buch konzentrieren, im übrigen Raum kann es sogar ganz dunkel sein. Zu berücksichtigen ist, daß die Lichtstärke vom Abstand der Leuchte zum beleuchtenden Bereich abhängig ist. Die Beleuchtungsstärke nimmt im Quadrat zur Entfernung ab. Produziert beispielsweise eine Leuchte im Abstand von 1 m 100 lx, reduziert sich die Beleuchtungsstärke bei 2 m auf 100 : 2^2, also auf
100 : 4 = 25 lx.
Die Frage nach der richtigen Beleuchtung bezieht sich nicht nur auf eine angemessene Beleuchtungsstärke. Wichtig ist auch, für welchen Zweck man die Leuchte konstruieren will. Mit einer Schreibtischleuchte können Sie beispielsweise nicht den ganzen Raum ausleuchten, sondern sinnvollerweise nur einen kleinen, abgegrenzten Bereich, nämlich den Schreibtisch.
Man sollte sich also bei der Auswahl und Gestaltung einer Leuchte nicht nur auf die Beleuchtungsstärke konzentrieren, sondern sich auch die Frage nach dem Zweck stellen.

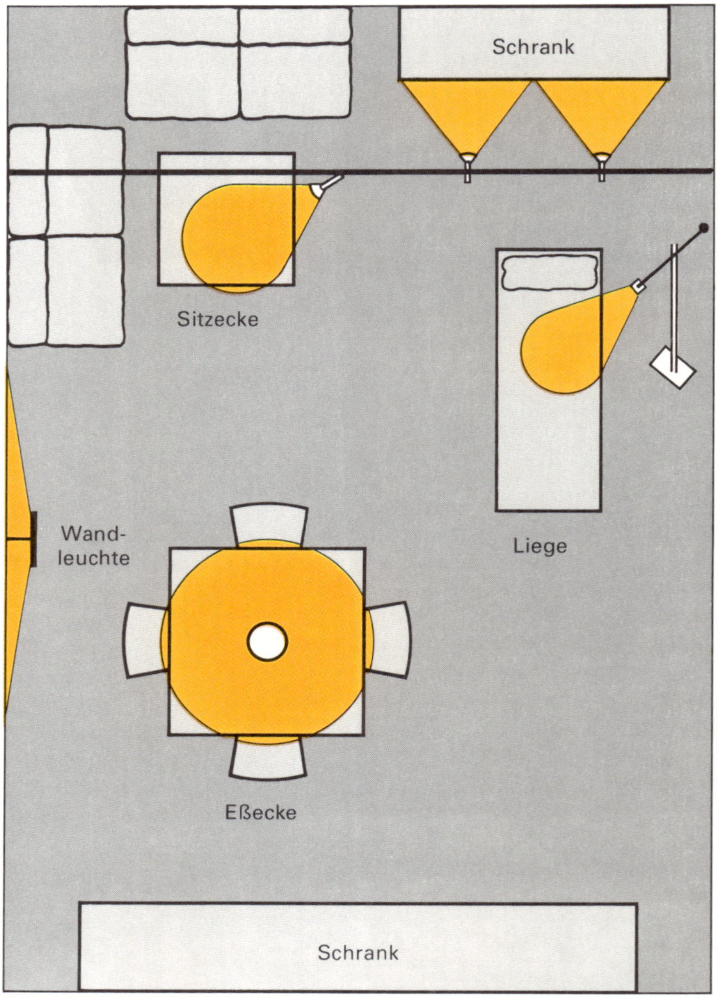

Abb. 1

Vor allem in einem Wohnraum muß das künstliche Licht verschiedene Sehaufgaben erfüllen können. Dementsprechend müssen Sie auch unterschiedliche Leuchten einsetzen. Dies kann ein Licht zum Lesen (Leselampe), das gemütliche Licht für ruhige Stunden (dimmbare Stehlampe), das Licht zum Fernsehen (Fernsehleuchte) oder das festliche Licht (Kronleuchter) sein.

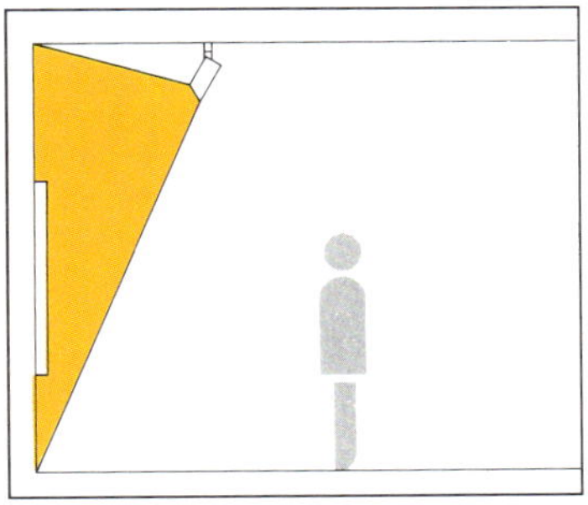

Abb. 2

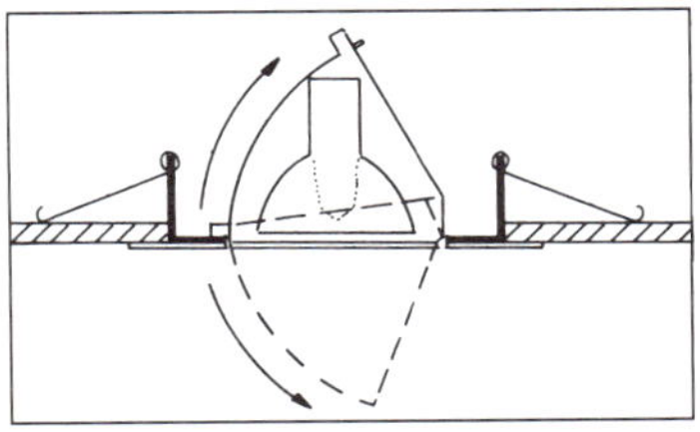

Abb. 3

Zur Verdeutlichung haben wir einen beispielhaften Wohnraum skizziert **(1)** mit folgenden Komponenten:

1. Lichtsystem mit 3 x 50-Watt-Halogenglühlampen, dimmbar.
2. Stehleuchte als Leseleuchte mit 1 x 20 Watt.
3. Tischleuchte für Raumbeleuchtung mit 100-Watt-Halogen-Hochvoltlampe.
4. Dekorative Wandbeleuchtung mit je 5 x 10-Watt-Halogenglühlampen.

Noch einige weitere praktische Tips: Achten Sie beim Ausleuchten eines Schreibtisches darauf, daß das Licht seitlich einfällt, um Blendungen von hochglänzenden Materialien zu vermeiden. Damit Sie sich beim Schreiben mit der Hand nicht selbst einen Schatten werfen, ist es empfehlenswert, Leuchten von links und rechts einzusetzen.

Berücksichtigen Sie die Sicherheitsabstände, die Lampen- und Leuchtenhersteller angeben.
Beim Ausleuchten von Bildern ergibt sich der ideale Abstand zur Leuchte an der Decke aus einem Verhältnis von Raumhöhe und Einstellwinkel der Leuchte. Dieser Winkel sollte nicht größer als 30 Grad ausfallen **(2)**.
Wollen Sie den Raum zu unterschiedlichen Zwecken nutzen, sind bewegliche Leuchten empfehlenswert. So lassen sich flexibel konstruierte Leseleuchten auch zur Objektbeleuchtung einsetzen. Möchten Sie sich die Möglichkeit einer Ummöblierung offenhalten, sollten Sie bei Einbauleuchten bevorzugt auf Downlight–Richtstrahler **(3)** zurückgreifen. Diese Leuchten lassen sich um 360 Grad drehen und um 30 Grad schwenken.

Lampe, Strahler und Reflektor

Der Fachhandel bietet verschiedenste Leuchten an, die man mit unterschiedlichen Halogenlampen bestücken kann. Welche Wirkung sie erzielen, hängt vom Zusammenspiel von Lampe und Reflektor ab. Die Lampe erzeugt das Licht, der Reflektor lenkt es. Die Kombination von Lampe und Reflektor nennt man Strahler.
Wer nachts mit einem Wagen auf einer Landstraße unterwegs ist, bekommt die Wirkungsweise von Lampe und Reflektor einleuchtend demonstriert. Das eigene Abblendlicht leuchtet rechts den Straßenbereich exakt aus, ohne den Gegenverkehr zu blenden.
Es gibt grundsätzlich zwei unterschiedliche Möglichkeiten, Lampe und Reflektor zu kombinieren. Bei der ersten Lösung ist der Reflektor Bestandteil der Leuchte oder des Strahlers. Die Lampe fügt man durch Befestigung im Sockel hinzu. Es handelt sich demnach um zwei separate Teile. Der Vorteil dieses Systems besteht darin, daß man bei einem Wechsel der Lampe den Reflektor wieder verwenden kann.
Bei der zweiten Ausführung bilden Lampe und Reflektor eine Einheit **(4)**. Geht die Lampe kaputt, muß man die gesamte Einheit entfernen.

Abb. 4

Da der Anschaffungspreis zwei- bis dreimal so hoch als der einer vergleichbaren Glühlampe liegt, treten bei der zweiten Lösung höhere Betriebskosten der Beleuchtungsanlage auf.
Der Vorteil dieser Kombination besteht in der industriell vorgefertigten, absolut exakten Fixierung der Lampe im Reflektor. Dabei sind Reflektor und Leuchte optimal aufeinander abgestimmt. Die Lampe befindet sich im rechnerisch ermittelten, günstigsten Punkt der Reflektoröffnung. Dadurch ergibt sich eine optimale Abstimmung und ein vorausberechneter Ausstrahlungswinkel.
Jeder, der einmal versucht hat, eine Halogenglühlampe mit Zweistiftsockel in eine Fassung zu stecken, weiß, wie schwierig sich die genaue Justierung ausnimmt. Durch eine leichte Veränderung der Brennstellung der Lampe verändert sich der Ausstrahlungswinkel des Reflektors. Das Ergebnis zeigt sich in Form von Schlieren oder Lichtschwerpunkten an der beleuchteten Stelle.
Für den Reflektor bietet sich Aluminium als Material an. Es läßt sich ausgezeichnet verarbeiten und ist hitzebeständig. Darüber hinaus verfügt Aluminium über einen hohen Reflexionsgrad, der bei 85 bis 90 Prozent liegt. Je höher der Reflexionsgrad ausfällt, desto mehr Licht der Lampe kommt der Beleuchtung des Raumes oder Objektes zugute.
Man unterscheidet Strahler mit kleinem Ausstrahlungswinkel, also mit einem sogenannten Spot-Charakter **(2)**,

Abb. 2

Abb. 3

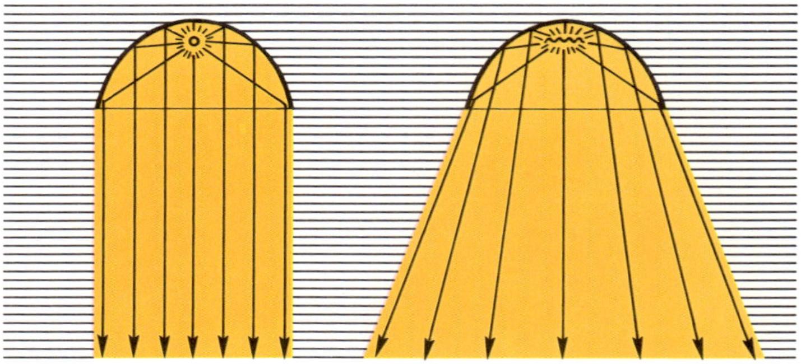

Abb. 4

und Strahler, die das Licht weit streuen **(3)**; hier spricht man von einer Flood–Lampe. Unterschiede bestehen nicht nur in der Formgebung des Reflektors, sondern auch bei seiner Oberflächenbeschaffenheit.
Bei kleinen Ausstrahlungswinkeln, also 8 oder 12 Grad, verwendet man glatte Oberflächen. Bei größeren Ausstrahlungswinkeln benutzen die Hersteller bevorzugt strukturierte Oberflächen. Durch die Strukturierung kann man kleine Ungenauigkeiten und Beschädigungen im Reflektor oder eine nicht genau justierte Lampe kaschieren. Diese Ungenauigkeiten spielen bei engstrahlenden Reflektoren keine so große Rolle, da Vielfachüberlagerungen des reflektierten Lichtes kleinere Fehler ausgleichen.
Ein besonderes Problem der Halogenglühlampen stellt die Wärmeentwicklung insbesondere in der Ausstrahlungsrichtung dar. Bei wärmeempfindlichen Materialien kann die Hitzeentwicklung, die durch die Halogenleuchte entsteht, leicht zu Schädigungen führen. Eine Neuentwicklung im Reflektorbereich schaffte Abhilfe. Durch die Kombination von Glas als Trägermaterial für eine infrarotdurchlässige Beschichtung hat man die Wärmeentwicklung in Ausstrahlungsrichtung um 66 Prozent reduzieren können. Diese 66 Prozent verlassen den Reflektor ungehindert in Form von

Wärme durch seine Oberfläche nach hinten und werden nicht in Strahlungsrichtung wirksam.
Dieser Lampentyp ist bekannt als Kaltlichtspiegellampe; er erfreut sich besonders im Halogenbereich größter Beliebtheit. Ob es sich bei diesen Reflektoren um solche mit engem oder mit breitem Ausstrahlungswinkel handelt, ist an der Oberflächenstruktur erkennbar.
Der Vorteil der Halogenglühlampe gegenüber anderen Leuchtmitteln liegt in ihrer sehr kleinen Glühwendel. Je kompakter der Lichtpunkt ist, desto exakter kann eine Lichtlenkung mit dem Reflektor erfolgen. Die Idealform, nämlich der Punkt, ist durch die Glühwendel der Halogenglühlampe fast erreicht **(4)**.

Elektrische Spannung

Die Niedervolttechnik erlaubt – im Gegensatz zur Hochvolttechnik – einen relativ gefahrlosen Umgang mit Strom. Während das normale Stromnetz mit 230 Volt arbeitet, benötigen Halogenlampen nur 12 Volt. Aber auch sie speist man über das normale Stromnetz. Ein Transformator wandelt die elektrische Spannung um.
Die Einheit der elektrischen Spannung U ist das Volt (V). In den Überlandleitungen der großen Kraftwerke benutzt man Spannungen von mehreren hunderttausend Volt. Der Grund dafür ist in den Verlustfaktoren zu suchen, die bei der Weiterleitung von Strom auftreten: Je höher die verwendete Spannung ist, desto geringer sind die Verluste in den Leitungen und je mehr Strom fließt pro Zeiteinheit. Vereinfacht kann man die Spannung mit dem Druck in einer Wasserleitung vergleichen. Nur wenn Wasserdruck auf der Leitung ist, fließt beim Aufdrehen des Hahnes Wasser heraus. Analog dazu kann Strom nur dann fließen, wenn Spannung vorhanden ist. Die Spannung gibt das Energiegefälle zwischen zwei Polen an. Pole können in diesem Zusammenhang Anschlüsse oder Klemmen sein.
Trotz der vergleichsweise geringen Leistungen bei einer Halogen-Beleuchtungsanlage treten wegen der sehr kleinen Spannung unter Umständen hohe Verluste auf. Diese Verluste bewirken, daß sich die Lichtfarbe der Lampen verändert. Die Lichtfarbe erscheint röter, wenn die vorgeschriebene Spannung unterschritten, und weißer, wenn sie überschritten wird.

Stromstärke

Der Spannungsabfall ist neben der verwendeten Spannung von Zuleitungslänge und Stromstärke abhängig. Die Stromstärke (I) bezeichnet die Anzahl der Elektronen, die pro Sekunde durch die Leitung fließt. Ihre Einheit ist Ampere. Die Stromstärke beschreibt also die Elektronenanzahl, die sich in der Leitung fortbewegt.
Sie sagt jedoch nichts darüber aus, wieviel Arbeit die Elektronen verrichten können. Die Größe wird durch die elektrische Leistung (P) beschrieben. Ihre Einheit ist Watt (W), im Niedervoltbereich gleichbedeutend mit Voltampere (VA). Der Zusammenhang dieser Größen läßt sich wie folgt in einer Formel beschreiben:

Leistung =
Spannung x Stromstärke

Für die Berechnung der Stromstärke einer 100-Watt-Lampe, die man mit 12 Volt betreibt, muß man die Formel umstellen:

Stromstärke =
Leistung : Spannung

Demnach fließt eine Stromstärke von 8,3 Ampere (100 : 12).
Bei einer Spannung von 230 Volt, wie sie im öffentlichen Stromnetz üblich ist, läßt sich folgende Stromstärke errechnen:
100 : 230 = 0,43 Ampere
Trotz der geringeren Stromstärke stellt die 100-Watt-Lampe am Netzstrom wegen der höheren Spannung eine erhebliche Gefahr dar.

Gleichstrom – Wechselstrom

Eine batteriebetriebene Taschenlampe gehört ebenfalls zur Gruppe der Niedervoltleuchten. Ihre Energie erhält sie von einer oder mehreren Batterien in Form von Gleichstrom. Beim Betrieb der Lampe verrichtet die Batterie Arbeit, indem sie einen Elektronenfluß herstellt. Dabei wird der Überfluß an Elektronen an einem Pol durch den Mangel an Elektronen an dem anderen Pol ausgeglichen; der Strom fließt in eine Richtung. Deshalb ist es auch nicht gleichgültig, in welcher Richtung man die Batterien in die Taschenlampe einführt. Im Gegensatz zum Gleichstrom ändert der Wechselstrom seine Richtung. Diesen Wechsel nennt man Frequenz. Man mißt sie in Hertz (Hz). Der gebräuchliche Wechselstrom hat eine Frequenz von 50 Hz. Das bedeutet, daß der Wechselstrom in einer Sekunde fünfzig volle Schwingungen in Form einer Sinuskurve ausführt. Die Richtung beziehungsweise die Polung, wie Sie den Netzstecker in eine Steckdose einführen, spielt dabei keine Rolle.

Berechnung von Niedervoltsystemen

Bei der Installation von Halogenlicht kommt es darauf an, einen Transformator (Trafo) mit der richtigen Leistung anzuschließen. Um diese berechnen zu können, müssen Sie wissen, wieviel Watt bei einer Spannung von 12 Volt gespeist werden sollen. Danach ergibt sich die Leistung, die der Trafo liefern muß. Für Niedervoltsysteme gibt es im Fachhandel spezielle 12-Volt-Transformatoren. Sie sind in der Regel auf 25, 50, 100, 150, 200 oder 300 Watt ausgelegt und

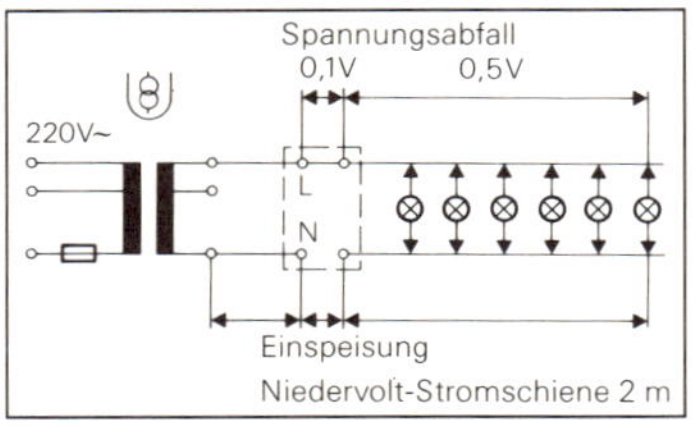

Abb. 1

auch so gekennzeichnet **(1)**. Im Gegensatz zu einer Verdrahtung von Leuchten im Hochvoltbereich muß man Sorge tragen, daß die vorhandene Spannung an den Lampen ausreichend hoch ausfällt. Die Spannung nimmt jedoch vom Transformator ausgehend proportional zur Zuleitungslänge und Stromstärke ab. Eine Reduzierung der Spannung von 12 auf etwa 11,4 Volt (rund 5 Prozent) liegt im Bereich akzeptabler Toleranzen, weil der Mensch die Unterschiede in der Lichtfarbe noch nicht wahrnimmt. Erhöht sich jedoch der Spannungsunterschied, schränken die unterschiedlichen Lichtfarben den gleichmäßigen Eindruck der Beleuchtung ein. Je näher man also die Lichtquelle am Transformator anbringt, um so weniger reduziert sich die Spannung.

Aus der Tabelle »Spannungsabfall in Niedervoltzuleitungen« lassen sich die Spannungsverluste in Abhängigkeit von Zuleitungslänge, Querschnitt der Leitung und Stromstärke ablesen. Daraus folgt:

Je länger die Zuleitungslänge, je kleiner der Querschnitt und je höher die Stromstärke ausfallen, desto höher ist der zu erwartende Spannungsabfall.

Aus der Tabelle kann man entnehmen, daß bei einem Leitungsquerschnitt von 2,5 mm, bei einer Lampe von 100 Watt und einer Stromstärke von 8,33 Ampere, eine Spannungsreduzierung von 0,119 Volt pro laufenden Meter auftritt. Bei einem System mit einer Länge von 5 m reduziert sich die Spannung bei einer Ausgangsspannung von 12 Volt also auf:

12 Volt - (5 x 0,119) = 11,405 Volt

Der Wechsel der Lichtfarbe liegt noch im Bereich einer nicht sichtbaren Veränderung. Das gleiche Ergebnis kommt bei einer Halbierung der Strecke von 5 auf 2,5 m und einer gleichzeitigen Verdoppelung der Leistung von 100 auf 200 Watt zustande. Da auch bei der Niedervolttechnik Wechselstrom fließt, ist es gleichgültig, wie herum man die Kabel anschließt. Das gilt für die Leitungen sowohl vor als auch hinter dem Transformator. Ein kritischer, weil lebensgefährlicher Punkt stellt bei der Installation der Anschluß des Trafos an das 230-Volt-Netz dar. Am besten verwenden Sie Transformatoren, die mit einem normalen Stromstecker ausgestattet sind. Es gilt, die Sicherheitshinweise zu beachten.

Sicherheitsmaßnahmen

Die Montage und der Betrieb von Halogensystemen sind nicht ganz ungefährlich, wenn man die entsprechen-

den Sicherheitsregeln nicht berücksichtigt.
Ganz besonders aufpassen müssen Sie

- beim Anschluß an das 230-Volt-System und
- bei den Zuleitungen vom Stromnetz zum Transformator.

Bei beiden Arbeitsvorgängen besteht Lebensgefahr, wenn Sie fahrlässig handeln!
Ebenso sollten Sie, wenn die Lampen in Betrieb sind, Vorsicht walten lassen. Die Halogenlampen heizen sich extrem auf. Es besteht sowohl Brandgefahr als auch Verbrennungsgefahr, wenn Sie den Sicherheitsabstand nicht wahren **(1)**.

Anschluß an das öffentliche Stromnetz

Obwohl man es im Niedervoltbereich mit geringer Spannung zu tun hat, die nicht gefährlich ist, benötigen Sie dennoch Energie aus dem öffentlichen Stromnetz. Dieses Stromnetz arbeitet mit einer Spannung von 230 Volt – und das bedeutet Lebensgefahr! Bei allen Anschlußarbeiten müssen Sie sich deshalb unbedingt rückversichern, daß kein Strom fließt.
Die einfachste und empfehlenswerteste Art, dies zu garantieren, ist, die Sicherung des betreffenden Stromkreises zu entfernen.
Auch wenn Sie die Sicherung herausgedreht haben, sollten Sie überprüfen, daß wirklich kein Strom mehr fließt. Dies können Sie nur, wenn Sie einen Strom- oder

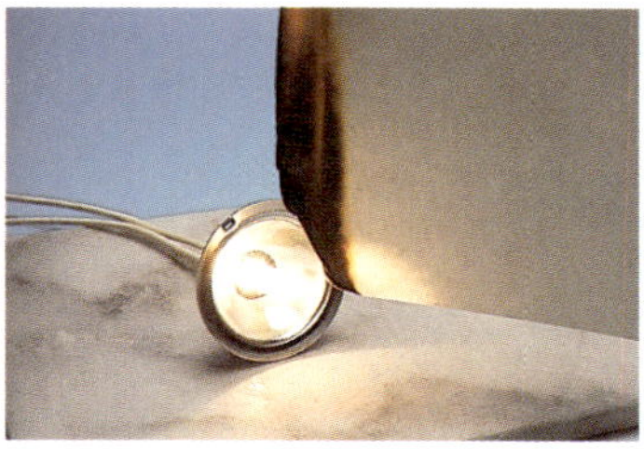

Abb. 1

Spannungsprüfer an die Anschlüsse anlegen. Denn es kommt vor, daß man die Stromkreise in einem Raum durch zwei verschiedene Sicherungen abdeckt. Es ist nicht gesagt, wenn zum Beispiel aus einer Steckdose kein Strom mehr kommt, daß der im selben Zimmer liegende Deckenauslaßpunkt ebenfalls keinen Strom mehr führt.
Strom- oder Spannungsprüfer zeigen beim Kontakt mit den Leitern an, ob Strom fließt und wenn ja, wieviel. Solange der Prüfer Stromfluß anzeigt, dürfen Sie auf keinen Fall die Leitungen berühren. Bei Auslaßpunkten in Decken oder bei den Anschlüssen von Steckdosen finden Sie drei Kabel vor. Durch das blau ummantelte Kabel fließt Plusstrom, durch das braune Masse, das gelbgrüne ist die Erde. Legen Sie den Stromprüfer an das braune und das blaue Kabel an. Auf keinen Fall reicht es beim Anschluß von Leuchten aus, nur den Lichtschalter auf »Aus« zu stellen. Mittels des Schalters unterbricht man nämlich nur den Stromfluß. Bei korrekt verlegten Leitungen unterbindet der Schalter die Plusstromzufuhr, an den Kabelenden liegt dann kein Strom mehr an.

Wurden die Anschlüsse aber nicht fachmännisch gelegt, unterbricht der Schalter den Minusstrom. Dann kann zwar eine angeschlossene Lampe nicht mehr brennen, dennoch befindet sich auf einem der Kabel Strom. In jedem Fall sollten Sie sich also mit einem Stromprüfer vergewissern, daß kein Strom mehr anliegt.
Die Leitungen, die vom Anschlußpunkt des Stromnetzes zum Transformator führen, müssen vollständig isoliert sein. Achten Sie darauf, daß versehentliche Berührungen mit offenliegenden Leitern unmöglich sind.
Wenn Sie die Sicherung herausgedreht haben, können Sie im Raum kein künstliches Licht schaffen. Aus diesem Grund ist es sinnvoll, zumindest den Anschluß ans Stromnetz bei Tageslicht auszuführen.

Niedervolt

Andere Voraussetzungen bestehen beim Arbeiten mit Niedervolt. Spannungen wie 12 oder 24 Volt bewirken allenfalls bei einer Berührung ein leichtes Kribbeln auf der Haut. Diese geringe Stromspannung ist jedoch nicht gesundheitsschädigend.
Trotzdem gibt es eine Reihe von technischen Bedingungen, die man bei der Installation von Niedervoltleuchten oder Systemen beachten muß. Drahtseilsysteme sollten nicht nur ordnungsgemäß funktionieren, sondern auch betriebssicher sein. Dazu zählt vor allem, daß keine Kurzschlußgefahr be-

steht. Die einfachste Methode, Kurzschlüsse zu vermeiden, besteht darin, einen Leiter des Seilsystems zu isolieren, das heißt mit einem Isoliermantel zu ummanteln. Möchte man den technischen Charakter des Drahtseilsystems durch die Verwendung der Isolierung nicht beeinträchtigen, besteht die Möglichkeit, eine sogenannte lastabhängige Schutzeinrichtung zu verwenden. Diese Stromwächter, die man vor den Transformator setzt, schalten den Strom automatisch ab, wenn man die eingestellte Nennbelastung um mehr als 50 Watt über- oder unterschreitet. Das ist bei jedem Kurzschluß der Fall.
Gefahrenquellen gehen insbesondere von zu dünnen Leitungen oder metallischen Gegenständen aus, die bei Überhitzung glühend abtropfen können. Dazu zählen auch Verbindungen von Drähten, die nur lose aufgelegt oder nicht über den vollen Querschnitt mit entsprechender Festigkeit ausgeführt worden sind. Der Stromfluß ist durch diese Querschnittverkleinerungen eingeengt und heizt das Material auf. Je nach Stromstärke und dem zur Verfügung stehenden Restquerschnitt kommt es besonders an diesen Verbindungen zu Verschmorungen. Achten Sie aus diesem Grund unbedingt auf sorgfältig ausgeführte, feste Verbindungen der Leitungen über den gesamten Querschnitt.
Eine weitere Gefahrenquelle stellen die Lampen selbst dar. An ihrer Oberfläche entstehen Temperaturen von bis zu 600 Grad Celsius. Eine unachtsame Berührung führt zu erheblichen Verbrennungen. Die hohen Temperaturen herrschen nicht nur an der Oberfläche der Lampe, sondern auch an deren Sockel. Durch den stetigen Wechsel von Erhitzen und Erkalten und der damit verbundenen Volumenausdehnung der Sockelstifte wird besonders die Verbindung zur Fassung beansprucht. Der sichere Halt der Lampe kann sich im Laufe der Zeit lockern. Dadurch kann es vorkommen, daß sich der heiße Lampenkörper löst und zu Boden fällt. Ein Brandloch in der Tischdecke gehört dabei noch zu den harmlosen Folgen. Aus diesem Grund ist es sinnvoll, durch eine zusätzliche mechanische Sicherung der Lampe Halt zu geben.
Die enormen Temperaturen gibt die Lampe zu einem erheblichen Teil in Strahlungsrichtung weiter. Das liegt daran, daß nicht nur die sichtbare Strahlung, sondern auch die unsichtbare Wärmestrahlung der Lampe durch den Reflektor zurückstrahlt. Die Intensität der Hitzeentwicklung hängt von drei Faktoren ab, nämlich von der Leistung der Lampe in Watt, der Größe des Ausstrahlungswinkels in Grad und der Entfernung zum beleuchteten Objekt in Meter. Je höher die aufgenommene Leistung ist, desto mehr Wärme wird produziert. Man kann davon ausgehen, daß die Wärmebelastung einer 100-Watt-Lampe fünf Mal höher liegt als bei einer 20-Watt-Lampe.
Diese Wärmemenge verteilt sich, vom Ausstrahlungswinkel beeinflußt, auf eine mehr oder weniger große Fläche. Je kleiner der Ausstrahlungswinkel und demzufolge je kleiner die beleuchtete Fläche, desto höher ist die Wärmebelastung.
Ein weiterer entscheidender Faktor ist durch die Entfernung zum Objekt gegeben. Je größer die Entfernung, desto geringer fällt die Wärmebelastung auf dem zu beleuchtenden Objekt aus. Bei der Einschätzung der Gefahren unterscheidet man hitzeunempfindliches Material wie Stein oder Metall und wärmeempfindliches wie Papier, Leder oder Stoffe. Die von den Herstellern der Lampen und Reflektoren angegebenen Sicherheitsabstände, beziehen sich nur auf wärmeempfindliche Gegenstände, zu denen auch Holz zählt. Hält man Sicherheitsabstände nicht ein, können sich die leicht entflammbaren Materialien sogar regelrecht entzünden. Bei Ölfarben und Kunststoffen muß man mit Verformungen rechnen, die auf Grund der Hitzeeinwirkung erfolgen.
Bei mehreren Strahlern sollte man den Sicherheitsabstand entsprechend erhöhen.
Noch ein Sicherheitshinweis zur Montage von Transformatoren. Diese entwickeln, wenn sie in Betrieb sind, Wärme. Man sollte sie deshalb an gut belüfteten Punkten installieren. Das gilt vor allem für Transformatoren mit hoher Leistung.
Achten Sie darauf, daß sich die Transformatoren nicht auf über 60 Grad Celsius aufheizen können (direkte Sonneneinstrahlung vermeiden).

Werkzeug und Material

Um Halogenleuchten zu bauen, Halogensysteme zu befestigen oder Leuchten anzuschließen benötigen Sie zwei Arten von Werkzeug:

- Elektrowerkzeug zum Anschluß von Lampen und Transformatoren sowie zum Leitungsbau.
- Werkzeug zum Bau und zur Montage von Leuchten.

Während Sie die Elektrowerkzeuge bei jeder Leuchte, die Sie selbst anschließen, benötigen, hängen Art und Umfang des Werkzeugsatzes zum Bau oder zur Montage ganz von den Leuchten ab, die Sie realisieren möchten.

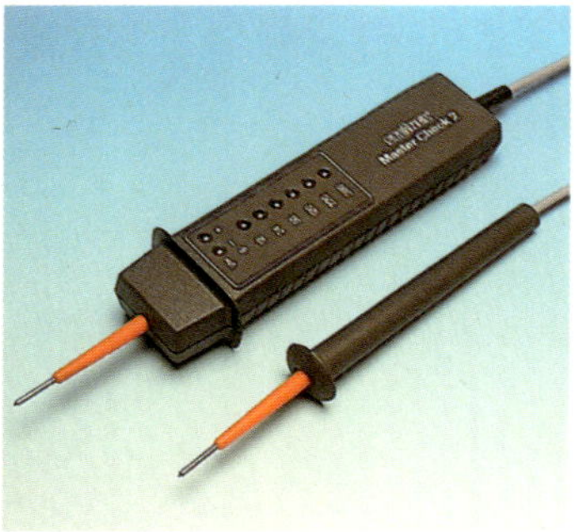

Abb. 1

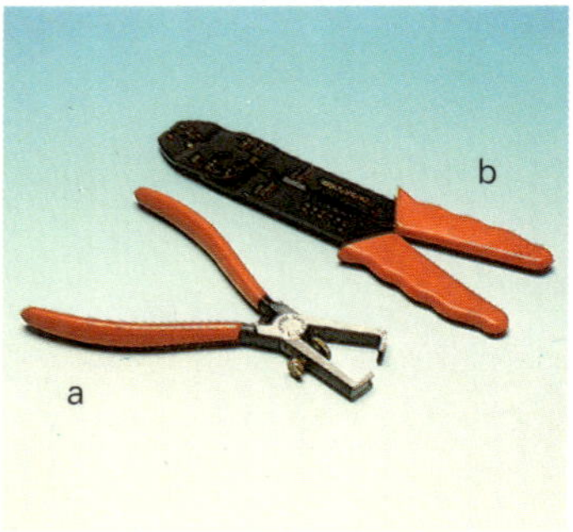

Abb. 3

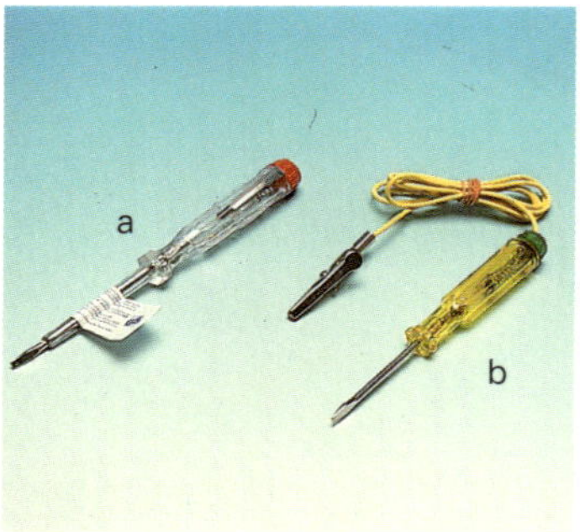

Abb. 2

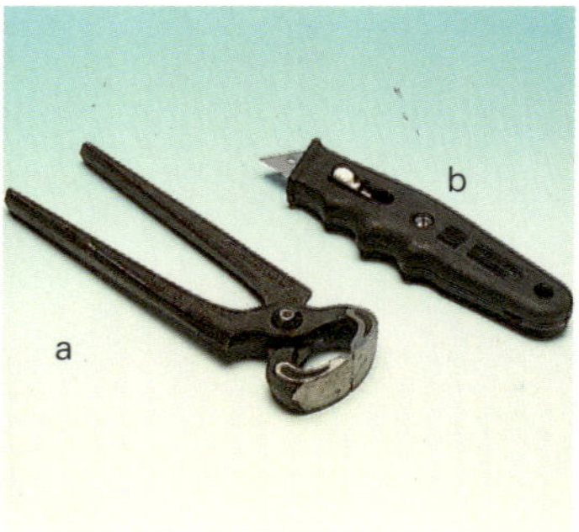

Abb. 4

Elektrowerkzeug

Bei allen Arbeiten hat Sicherheit höchste Priorität. Die größte Gefahrenquelle beim Umgang mit Halogenleuchten stellt der Strom dar, vor allem der Hochspannungsstrom des Stromnetzes beim Anschluß der Transformatoren. Hier müssen Sie vor jeder Arbeit sicherstellen, daß kein Strom mehr fließt. Verläßlichen Aufschluß darüber bietet ein Spannungsprüfer **(1)**. Man schließt ihn an die beiden stromführenden Leitungen an, dabei zeigt er auf, ob Strom fließt oder nicht. Achten Sie dabei darauf, daß Sie den Prüfer nicht an die »Erde«-Leitung anlegen (grün-weißes Kabel). Sie sollten über einen Stromprüfer verfügen, bei dem Sie auf einer Skala die Spannung von 6 bis 230 Volt ablesen können. Wenn das Gerät Spannungen im Niedervoltbereich anzeigt, können Sie mit seiner Hilfe auch die Ursache für Defekte an Halogenleuchten aufspüren. Dazu legen Sie den Stromprüfer an die Niedervoltleitungen an. Fließt hier bei eingeschalteter Leuchte Strom, ist entweder die Lampe defekt oder es liegt ein Fehler im Lampenanschluß vor. Fließt kein Strom, ist entweder der Transformator defekt oder es liegt ein Fehler am Anschluß an das 230-Volt-Netz vor.
Es ist aber auch möglich, zur Stromprüfung einen Schraubendreher mit integrierter Lampe einzusetzen. Dabei halten Sie den Klingenkopf an die Leitung an, den Masseanschluß stellen Sie über den Körper her. Fließt Strom, leuchtet in dem durchsichtigen Schraubendreherkopf eine Lampe auf. Die Prüfer **(2)** gibt es für den Hochspannungsbereich um 230 Volt **(2**a**)** und für den Niedervoltbereich von 6 bis 24 Volt. Diese Prüfer tragen auch die Bezeichnung »Autolichtprüfer«. Empfehlenswert ist hier die Ausführung mit Kabelschnur und Krokodilklemme **(2**b**)**.
Schraubendreher sind beim Anschluß von Leuchten unerläßlich. Sie benötigen vor allem einen Dreher mit kleinem Klingenkopf, um Lüsterklemmen zu befestigen. Weitere Klingenkopfgrößen und Kreuzschlitzdreher benötigen Sie zum Befestigen von Leuchten.
Ideal ist es, wenn Sie schutzisolierte Schraubendreher mit VDE- oder TÜV-GS-Zei-

chen (Technischer Überwachungsverein – Geprüfte Sicherheit) verwenden. Diese Schraubendreher, bei denen die Klingen und der Kopf voll isoliert sind, entsprechen den Schutzvorschriften nach DIN 57 680/2.
Für den Anschluß sind weiterhin Werkzeuge zum Entisolieren von Leitungen unerläßlich. Hier haben Sie die Wahl zwischen einer Entisolierzange **(3)** mit individueller Einstellmöglichkeit **(3**a**)** und einer Zange mit festen Aussparungen für verschiedene Kabelstärken **(3**b**)**, die man auch im Automobilbereich einsetzt. Sie eignet sich aber auch bestens für den Anschluß von Lampen und Leuchten.
Eine Kneifzange **(4**a**)** und ein Teppichmesser **(4**b**)** runden das Werkzeugset für die Elektroarbeiten ab. Die Kneifzange setzen Sie zum Kürzen von Leitungen ein. Alternativ dazu können Sie auch einen Seitenschneider benutzen. Das Teppichmesser stellt das ideale Werkzeug dar, dickere Kabelummantelungen aufzuschneiden oder mehrgliedrige Kabel aufzuschlitzen.

Werkzeug zur Montage und zum Bau von Leuchten

Welches Werkzeug Sie zur Montage oder zum Bau von Halogenleuchten benötigen, hängt entscheidend von der Art der Leuchte ab, um die es sich handelt. Auf jeden Fall sollten Sie neben den Elektrowerkzeugen stets

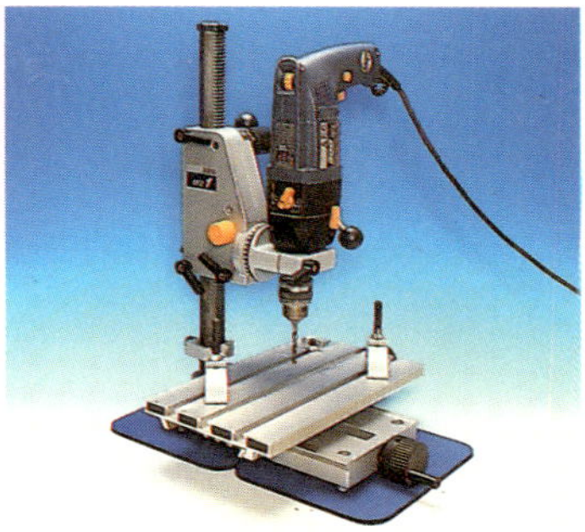

Abb. 5

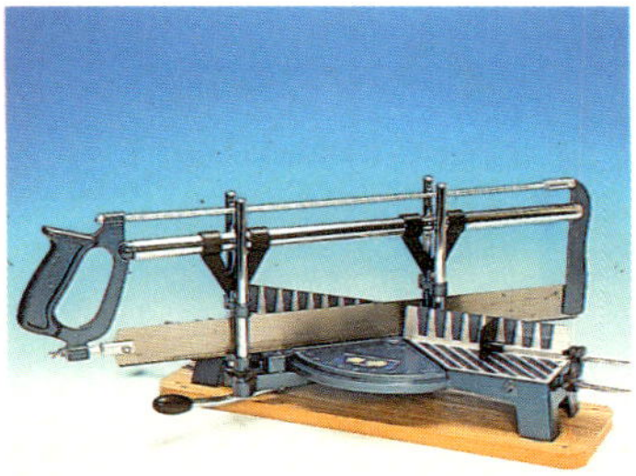

Abb. 6

folgende Gerätschaften griffbereit haben:
- Zangen, insbesondere Spitz-, Telefonzange, Seitenschneider, Rohrzange
- Zollstock
- Stahl- oder Aluschiene
- Eisen- und Holzsägen
- Hammer
- Handbohrer

An elektrischen Werkzeugen ist eine Bohrmaschine mit variabler Drehzahl und Schlagbohrfunktion unerläßlich. Sie benötigen sie vor allem zum Bohren von Löchern in Wänden und Decken, um Leuchten oder Drahtseilsysteme zu befestigen. Verfügt die Bohrmaschine zudem über Rechts–Linkslauf, können Sie diese auch als elektrischen Schraubendreher einsetzen. In Kombination mit Zusatzgeräten entwickelt sich die Bohrmaschine zum Universalwerkzeug beim Bau von Leuchten. Wichtig sind:
- Kreisbohrer zum Ausstanzen von Rundungen in Holz- oder Kunststoffplatten
- Schleif- und Poliervorsätze, mit denen man Materialien nachbehandeln kann

Ganz besonders sinnvoll ist ein Bohrständer **(5)**. Mit Hilfe dieser Vorrichtung können Sie saubere Bohrungen auch in schwierigen Materialien wie Aluminium oder Metall ausführen. Das zu bearbeitende Material justieren Sie fest auf einer Grundplatte. Die Bohrmaschine führen Sie über einen Hebel nach unten. Dadurch können Sie die Bohrtiefe genau dosieren. Da die Bohrmaschine fest im Bohrständer verankert ist, wandert sie während der Arbeit nicht.
Zum sauberen Trennen von Materialien empfiehlt sich eine Gehrungsäge **(6)** mit je einem Sägeblatt für Metall und Holz. Mit ihrer Hilfe lassen sich in Leisten saubere Winkelschnitte herstellen und sauber durchtrennen. Die Winkel sind zwischen plus und minus 45 Grad frei wählbar. Optimal ist es natürlich, wenn man zudem eine Stichsäge zur Verfügung hat. Besonders beim Sägen sollten Sie auch Schraubzwingen griffbereit halten.
Mit diesen Werkzeugen lassen sich fast alle Aufgaben lösen. Zum Befestigen von Seilkauschen benötigen Sie allerdings zudem einen kleinen Steckschlüsselsatz.

Material

So unterschiedlich Halogen-Beleuchtungssysteme ausfallen können, es gibt eine Reihe von Elementen, die unverzichtbar sind. Neben den Lampen sind dies:

- Transformator
- Leitungen
- Sockelfassung für die Leuchte
- Schalter
- Dimmer

Diese Materialien können aber sehr unterschiedlich aufgebaut sein. Es stehen verschiedene Alternativen zur Verfügung.

Transformator

Der Transformator fungiert als Energiequelle des Seilspannsystems. Er übernimmt eine Mittlerrolle zwischen dem öffentlichen Versorgungsnetz mit einer Spannung von 230 Volt und dem Niedervoltstromkreis der Beleuchtungsanlage mit einer Spannung von 12 Volt.
Ein Transformator besteht aus zwei Spulen, die aus Drähten gewickelt sind. Der Strom aus dem öffentlichen Netz fließt auf die erste Spule, die sogenannte Primärspule, und erzeugt ein elektromagnetisches Feld. Die zweite Spule wandelt das Magnetfeld durch Induktion wieder in elektrischen Strom um.
Das Verhältnis der Wicklungen auf den Spulen bestimmt die Spannung, die durch die Induktion entsteht. Ein Verhältnis von 500 Wicklungen zu 50 Wicklungen

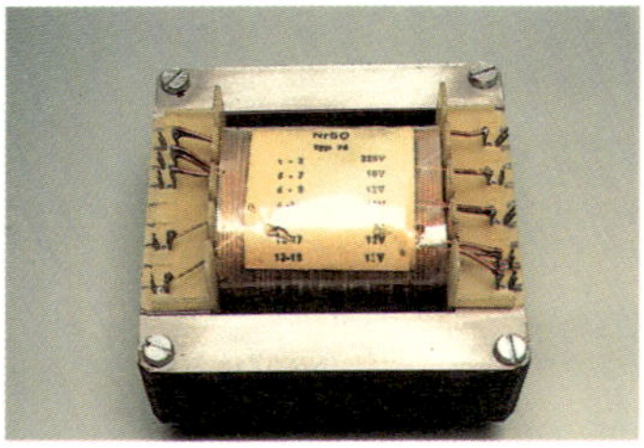

Abb. 1

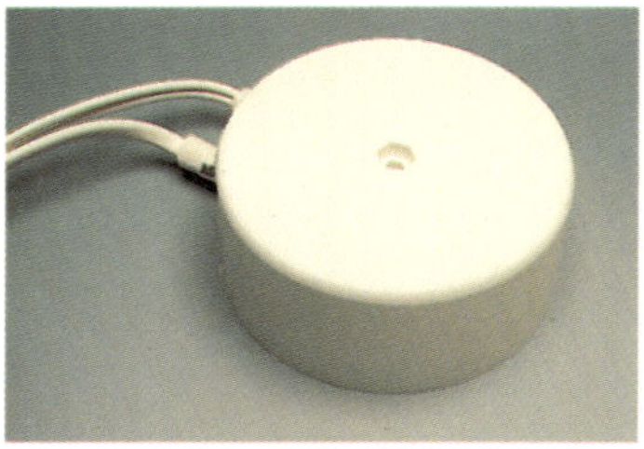

Abb. 2

Abb. 3

teilt die zugeführte Spannung durch zehn und wandelt demnach 230 in 23 Volt. Auf der Sekundärspule kann man an verschiedenen Stellen Strom abnehmen oder »abgreifen« wie der Fachmann sagt. Dadurch ist es möglich, verschiedene Spannungsstärken an einem Transformator abzugreifen, beispielsweise 6, 12 und 24 Volt.
Der Spannungsabgriff muß allerdings nicht unbedingt feste Größen aufweisen, sondern kann bei einigen Transformatoren besonderer Bauart fließend erfolgen. Transformatoren für Modelleisenbahnen weisen einen solchen flexiblen Spannungsabgriff auf. Sie können die Züge langsam anfahren lassen bei geringer Stromzufuhr und dann die Geschwindigkeit steigern. Im Halogenbereich kann man diesen stufenlos einstellbaren Spannungsabgriff als Dimmer einsetzen.
Die Spulen der Transformatoren sind auf Eisenkernen angebracht. Nach der Form dieser Kerne unterscheidet man:

- Blocktransformatoren **(1)**
- Ringkerntransformatoren **(2)**

Beide Arten von Transformatoren sind bei der Halogentechnik gleich gut einzusetzen. Während diese Unterscheidung also nicht ins Gewicht fällt, sollten Sie aber sorgfältig darauf achten, auf welche Leistung die Transformatoren ausgelegt sind (siehe auch Seite 20).
Selbstverständlich sollte sein, daß Sie ausschließlich Transformatoren verwenden, die mit dem VDE-Zeichen gekennzeichnet sind. Diese Produkte sind vom Verband Deutscher Elektrotechniker e.V. geprüft und entsprechen in allen wichtigen Belangen den Sicherheitsansprüchen der Verbraucher. Der primäre, also dem Netz zugeordnete, und der sekundäre Stromkreis sind durch eingebaute Sicherungen kontrolliert. So ist eine mögliche Brandgefahr durch Kurzschluß ausgeschlossen. Natürlich ist es bei diesen Transformatoren auch unmöglich, durch Berührung einen lebensgefährlichen Stromschlag abzube-

kommen. Sie sind vollkommen in Kunststoff eingeschweißt.
Besonders einfach gestaltet sich der Anschluß von Transformatoren, die Sie über einen fertig installierten Stekker mit dem 230-Volt-Stromnetz verbinden.
Praktisch sind sogenannte Steckertransformatoren, bei denen sich der Transformator direkt am Stromstecker befindet **(3)**. Aufgrund des Gewichtes und der Abmessungen besitzen diese Transformatoren aber nur eine Leistung von 20 Voltampere.
In Fachgeschäften finden Sie auch Stromwandler mit der Bezeichnung Sicherheitstransformator. Diese sind noch besser abgesichert als normale Transformatoren und besitzen eine höhere Schutzart, wie der Fachmann sagt. Die Schutzarten sind mit den Kürzeln IP angegeben und reichen von IP 20, der kleinsten Schutzart, bis zu IP 54. Diese Transformatoren sind sogar gegen Wassereinwirkung geschützt. Sie können sie beispielsweise in Badezimmern oder in Außenanlagen einsetzen.
Eine Sonderstellung unter den Transformatoren nehmen die elektronischen Transformatoren ein. Sie fallen kleiner und leichter als herkömmliche Stromumwandler aus. Sie regeln den Strom elektronisch auf eine niedrigere Spannung. Da dies aufwendiger als bei der Spulentechnik ist, sind die elektronischen Transformatoren erheblich teurer. Sie sollten Sie nur verwenden, wenn der Transformator aus Platzgründen sehr klein ausfallen oder aufgrund der Einbaugegebenheiten sehr leicht sein muß.
Noch ein Hinweis zu leistungsfähigeren Transformatoren: Zum Zeitpunkt des Einschaltens nimmt ein Transformator technisch bedingt einen deutlich höheren Strom auf als im Normalbetrieb. Man bezeichnet diese Erscheinung als Einschaltstromstoß, der besonders bei Ringkerntransformatoren die Netzsicherung auslösen kann. Ein Strombegrenzer schafft hier Abhilfe; Sie sollten ihn deshalb gleich mit dazu montieren, falls der Hersteller keine spezielle Vorkehrung beispielsweise in Form einer trägen Sicherung eingebaut hat.

Abb. 4

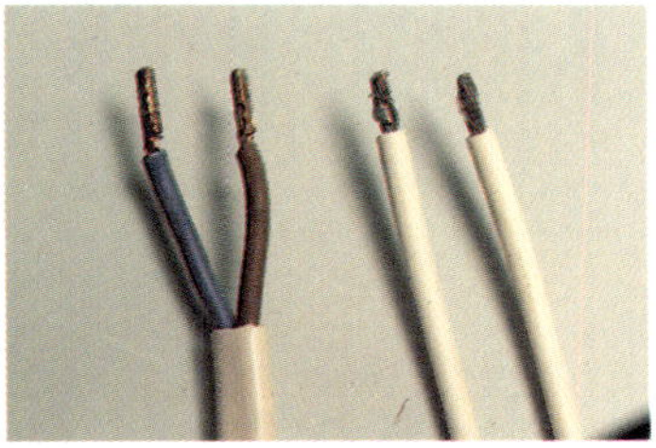
Abb. 5

Leitungen

Leitungen dienen zum einen zur Befestigung der Leuchten **(4)**, zum anderen zur Energieversorgung **(5)**. Es besteht zwar theoretisch die Möglichkeit, die Größe der Anlage und damit die Länge der Leitungen frei zu wählen. Man sollte sich aber von vornherein auf eine maximale Länge von etwa 5 m einstellen. Größere Spannsysteme verlangen spezielle Wandbefestigungen und stärker dimensionierte Leitungen, die durch Kevlareinlagen in der Lage sind, höhere Zugbelastungen aufzunehmen.
Um Spannungsverluste zu begrenzen, ist es notwendig, den richtigen Leitungsquerschnitt zu wählen. Sie sollten im Hinblick auf eine spätere Erweiterung der Anlage von einem Mindestquerschnitt von 4 mm ausgehen. Als Material kommt ausschließlich Kupferlitze in Frage, weil Eisen oder andere Metalle eine schlechtere Leitfähigkeit besitzen.
Kupferlitzen gibt es im Handel in Naturton oder mit einer Silberbeschichtung. Für welches Material Sie sich entscheiden, bleibt in diesem Zusammenhang Ihrem Geschmack überlassen. Da die blanken Leiter gewisse Sicherheitsrisiken mit sich führen, ist es ratsam, isoliertes Material zu verwenden. Eine große Auswahl bietet die Unterhaltungselektronik in Form von Lautsprecherkabeln an. Dieses Material hält der Fachhandel sehr preiswert und in großer Vielfalt sowie mit unterschiedlichsten Querschnitten bereit. Die Isolierung gibt es als transparente Ausführung, als Rauchglastönung oder als »Silver Line«, ein Typ mit transparenter

Isolierung und einer Silberauflage. Für die Zuleitung von Transformator zum System empfiehlt sich ein Kabel, das als Zwillingslitze über eine gewisse Steifigkeit verfügt. Dadurch vereinfacht sich das Verlegen auf einer Wand.

Sockel

Der Sockel dient zur Fassung der Lampen und stellt den Kontakt zwischen ihr und den stromführenden Kabeln her. Dieser Kontakt muß auch bei Erhitzung der Lampe sicher und fest ausfallen. Es gibt verschiedene Sockel, die nur zu einem bestimmten Lampentyp passen. Generell unterscheidet man:

- Schraubsockel
- Stecksockel

Schraubsockel kennen Sie von der Allgebrauchsglühlampe her. Im Halogenbereich hingegen verwendet man vorwiegend Stecksockel **(6)**. In der Niedervolttechnik gibt es eine Vielzahl verschiedener Lampen, die jeweils nur in bestimmte Sockel passen. Im wesentlichen sind dies:

Lampe	Sockel
QT 9 QT 12	G4 GY 6,35

QT steht für Quarztube. Zur Herstellung der Lampe verwendet man Quarzglas. Tube leitet sich von dem Englischen »tube« ab und bezeichnet die Formgebung der Lampe. Bei dem Sockel geben die Zahlen hinter den Buchstaben den Abstand der Stifte in Millimeter an.

QR 38	B 15 d

QR bedeutet Quarz-Reflektorlampe. Die »15« bezeichnet den Durchmesser des Sockels in Millimeter, das »B« steht für Bajonettverschluß, das »d« für Durchmesser.

QR-CB 51	G 5.3

Das Kürzel bei der Lampe steht für Quarz-Reflektor. Cool-Beam, also Kaltlichtspiegellampe. »51« ist der Durchmesser der Lampe.

QR-70	B 15 d

Quarz-Reflektor mit einem Durchmesser von 70 mm, der einen Sockel von 15 mm Durchmesser benötigt.

Schalter

Es gibt grundsätzlich zwei Möglichkeiten, den Schalter **(7)** zu plazieren:

- vor dem Transformator, also im Hochstrombereich, und
- hinter dem Transformator, also im Kleinstrombereich.

Ohne Zweifel stellt die erste Lösung die empfehlenswertere Alternative dar. Denn plaziert man den Schalter vor dem Transformator, steht dieser in »Aus«-Stellung nicht unter Strom. Bei Leuchten, die man über eine Steckdose mit dem öffentlichen Stromnetz verbindet, bietet es sich

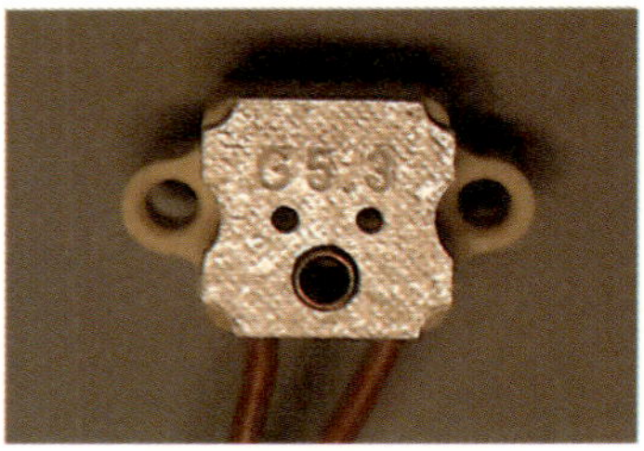

Abb. 6

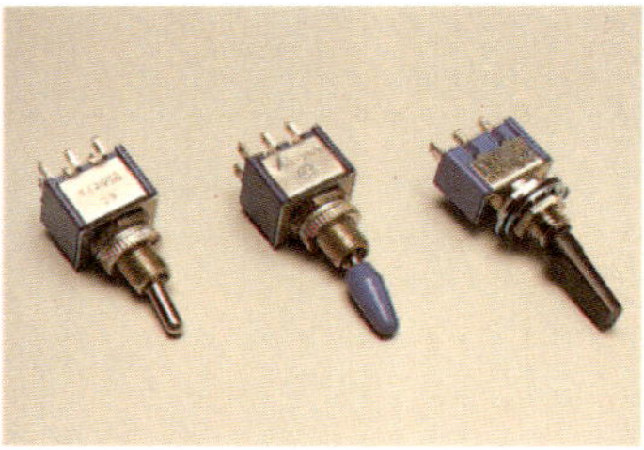
Abb. 7

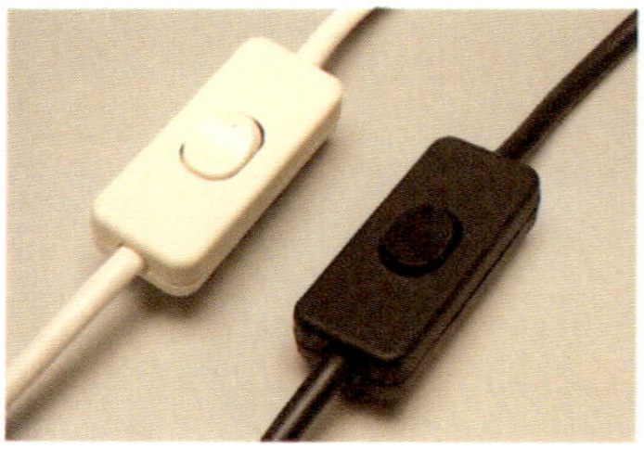
Abb. 8

an, einen Schnurschalter zu verwenden. Der Fachhandel hat diese Schalter nicht nur einzeln in verschiedensten Farben im Angebot, sondern auch fertig konfektionierte Kabel mit integriertem Schalter und Euro- oder Schukostecker an einem Kabelende **(8)**.
Da diese Kabel bestens isoliert sind, kann man sie besonders gut empfehlen.
Bei Deckenleuchten und Spannseilsystemen ist es ratsam, den Deckenauslaßpunkt als Anschluß für den Transformator zu nutzen.
Dies bringt den Vorteil, daß

Sie die Beleuchtung über einen bereits installierten Wandschalter ein- und ausschalten können. Das spart Kosten und bietet Komfort, da man den Schnurschalter beim Einschalten nicht suchen muß.
Bei Schreibtischlampen oder Leseleuchten ist es äußerst praktisch, wenn sich der Schalter an der Leuchte befindet. Dabei empfiehlt es sich, den Schalter im Niedervoltstromkreis zu integrieren. Dadurch können die Schalter sehr klein und kompakt ausfallen **(9)**. Auf jeden Fall aber sollten Sie bei dieser Schalterlösung einen Sicherheitstransformator verwenden, da der Stromwandler immer unter 230 Volt Spannung steht. Diese kleinen Schalter sind preiswerter als Schalter im Hochstrombereich. Allerdings ist es schwieriger, sie zu installieren, da man die Anschlüsse in der Regel verlöten muß. Besonders benutzerfreundlich sind Schalter mit einer zweistufigen Stellung. Der Effekt liegt in einer unterschiedlichen Helligkeitsstufe der Lampe, so daß man zwischen zwei Beleuchtungsstärken wählen kann.

Dimmer

Mit einem Dimmer erweitern Sie das Spektrum an Nutzungsmöglichkeiten der Leuchte. Sie können diese dann sowohl zur romantischen Hintergrundbeleuchtung einsetzen als auch die volle Leistung der Lampen in Anspruch nehmen. Allerdings dürfen Sie im Halogenbereich keine normalen Haushaltsdimmer verwenden.

Abb. 9

Abb. 10

Auch wenn die Dimmerschalter für Halogen **(10)** den normalen Schaltern zum Verwechseln ähnlich sehen: Sie sind für induktive Lasten ausgelegt. Das bedeutet: Diese variablen Schalter können den Transformator dimmen. Dabei müssen Sie darauf achten, daß Dimmer und Transformator aufeinander abgestimmt, das heißt für die gleiche Leistung ausgelegt sind. Bei den Dimmern gibt man immer zwei Werte an: die minimale Belastung und die Höchstbelastung. Bei Schnurdimmern **(11)** bewegen sich die Kapazitäten des Dimmers in der Regel zwischen 20 und 100 Volt. Die angegebene Leistungsgrenze sollten Sie nicht überschreiten, sondern möglichst sogar geringfügig unterschreiten (etwa 10 %). Alle Dimmer sind über eine Sicherung gegen Kurzschlüsse gefeit.
Eine weitere Möglichkeit, die

Abb. 11

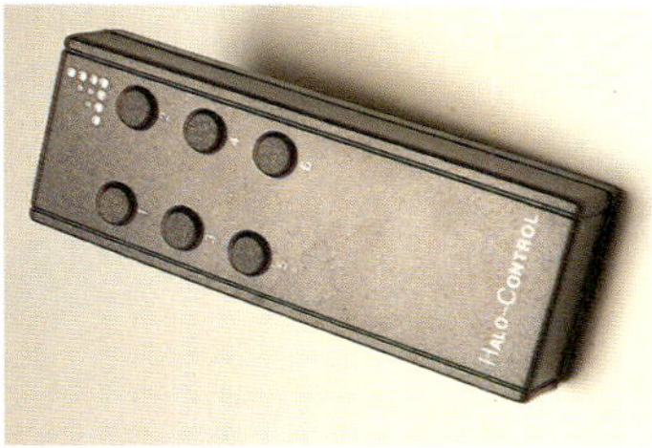

Abb. 12

Helligkeit stufenlos zu regulieren, besteht in der Verwendung von Transformatoren mit eingebautem Dimmer. Diese Transformatoren sind allerdings in der Regel weitaus teurer als ein normaler Transformator plus Schnur- oder Haushaltsdimmer.
Eine technische Spezialität stellt die Fernbedienung zur Schaltung oder Dimmung von Leuchten dar **(12)**. Sie besteht aus einem Sender und einem Empfangsteil. Der Sender verfügt über die Möglichkeit, auf verschiedenen Frequenzen je nach Ausführung eine bestimmte Anzahl von Leuchten anzusteuern, das heißt zu schalten (ein / aus) oder zu dimmen. Das Empfangsteil befindet sich direkt an der Leuchte, oder es steuert einen gesamten Stromkreis an, dem mehrere Leuchten angeschlossen sind. Bei letzterem ist die Kapazität der anzuschließenden Leistung stark eingeschränkt.

Niedervoltleuchten und Systeme

Abb. 1

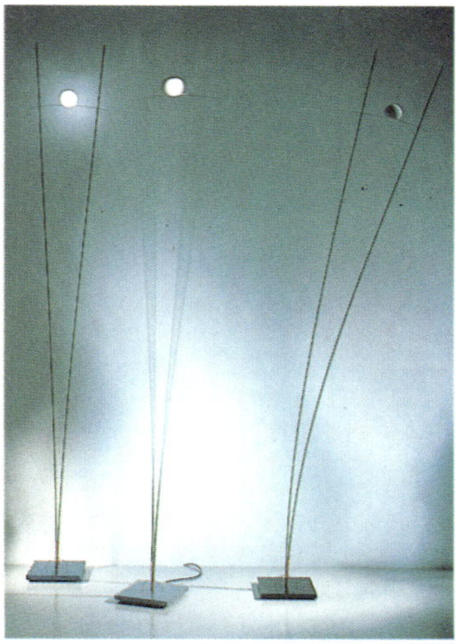

Abb. 2

Grundsätzliches

Bevor Sie sich an die praktische Arbeit begeben, ist es sinnvoll, einige grundsätzliche Überlegungen theoretischer Art anzustellen. Dabei sollten Sie sich darüber klar werden, welche Beleuchtungsaufgabe Sie lösen wollen. Es spielt eine entscheidende Rolle sowohl für Ihre Planung als auch für die Auswahl der Leuchten, ob Sie eine Küche ausleuchten oder in Ihrem Wohnzimmer eine behagliche Atmosphäre mit Hilfe von Licht schaffen wollen **(1)**. Beide Aufgaben lassen sich lösen, der Weg und die Mittel sind jedoch unterschiedlich. Sie müssen sich zwangsläufig voneinander unterscheiden, weil es sich bei der Küche um einen Arbeitsraum handelt (Licht zum Sehen), beim Wohnzimmer hingegen um einen Raum, den man vorwiegend zur Entspannung nutzt (Licht zum Hinsehen/Ansehen).

Bei der Küche ist eine Beleuchtung gefordert, die in erster Linie das problemlose Erkennen von Gegenständen ermöglicht und insofern die Arbeit erleichtert. Die Beleuchtung muß ausreichend hell und schattenfrei sein.
Die Beleuchtung des Wohnzimmers dagegen läßt eine größere Variationsbreite zu. Hier kann der Raum beispielsweise mit Hilfe von Licht transparent und weit wirken, meditativen Charakter erhalten oder eine belebende, freundliche Atmosphäre ausstrahlen. Die Verwendung unterschiedlicher Lichtquellen, die in Kombination immer wieder neue Beleuchtungsszenen entstehen lassen, stellen die Voraussetzung dafür dar. Deshalb ist eine Vielzahl von Beleuchtungskörpern, die man wirkungsvoll im Raum verteilt, lichtgestalterisch einer einzigen Leuchte weitaus überlegen.
Für Kombinationen stehen verschiedene Typen zur Verfügung. Die Tisch- und Stehleuchte **(2)**, die Sie frei in den Raum stellen können, die Wandleuchte mit dekorativer Prägung oder die Hängeleuchte **(3)** stellen typische Solitäre dar.
Im Gegensatz zu diesen Einzelleuchten bietet die Verwendung von Seilsystemen erheblich mehr Möglichkeiten für die Illuminierung Ihres Raumes. Die Strahler lassen sich relativ frei bewegen und auf die zu beleuchtenden Objekte ausrichten. Die einzige Bindung der Beleuchtung besteht darin, daß das Drahtseil die Befestigungspunkte der Leuchten festlegt. Deshalb kommt der Seilführung im Raum erhöhte Bedeutung zu. Sind die Drähte einmal gespannt, läßt sich ihr Verlauf nur mit großem Aufwand verändern. Die Anordnung der Seile muß berücksichtigen, daß am Anfangs- und Endpunkt die Möglichkeit einer sachgemäßen Befestigung besteht.
Von den Drahtseilen aus soll-

Abb. 3

Abb. 4

te man sämtliche zu beleuchtende Objekte erreichen können. Berücksichtigen Sie in diesem Zusammenhang zwei Punkte:

1. Die Hersteller von Lampen geben für die unterschiedlichen Ausstrahlungswinkel Lichtkegel in Abhängigkeit der Entfernung an.
2. Durch die enorme Leuchtdichte der Lampen können unangenehme Blendwirkungen auftreten, wenn durch die Ausrichtung der Leuchte der direkte Einblick möglich ist. Versuchen Sie deshalb, die Leuchten maximal 30 Grad aus der Senkrechten zu schwenken.

Durch eine aufgelockerte Möblierung im Raum kann es möglich sein, daß Sie mit einer Parallelführung der Drahtseile zu den Raumwänden nicht alle Objekte, die Sie beleuchten möchten, erfassen können. Möglicherweise ergibt sich eine sinnvolle diagonale Führung im Raum. Neben den damit verbundenen praktischen Vorteilen kann man den Raum durch die spannungserzeugende Wirkung der Diagonale beleben. Aber Achtung! Durch die schrägen Wandanschnitte variiert der Abstand der Befestigungspunkte des Systems an der Wand. Der Abstand der Bohrungen entspricht in keinem Fall dem Abstand der Drahtseile.

Spannseilsysteme

Mit Seilsystemen lassen sich viele attraktive Modelle selbst herstellen. Der High-Tech-Charakter der Befestigungen und Spannseile verleiht der Wohnung ein modernes Gepräge **(4)**.
Diese Systeme bestehen aus:

- Transformator (elektrischer Versorger)
- Spannseilen (elektrische Leitungen)
- Leuchten

Verschiedene mechanische oder technische Einrichtungen sichern den Betrieb dieser Systeme, wie zum Beispiel Abstandhalter und Stromwächter (siehe Sicherheitsmaßnahmen, Seite 20). Die folgenden Abschnitte geben Ihnen allgemeingültige Hinweise für die Installation und Montage von Spannseilsystemen.

Transformatoren montieren

Durch den Anschluß des Transformators stellt man den Kontakt zum öffentlichen Stromnetz her. Der Trafo ist der einzige Teil der Beleuchtungsanlage, bei dem die anliegende Spannung 230 Volt beträgt. Vorsicht ist deshalb beim Anschluß oberstes Gebot! Der Umgang mit Hochvolt gehört in den Aufgabenbereich des Fachmannes. Sie sollten sich nicht scheuen, diesen Teil der Montage Ihrer Beleuchtungs-

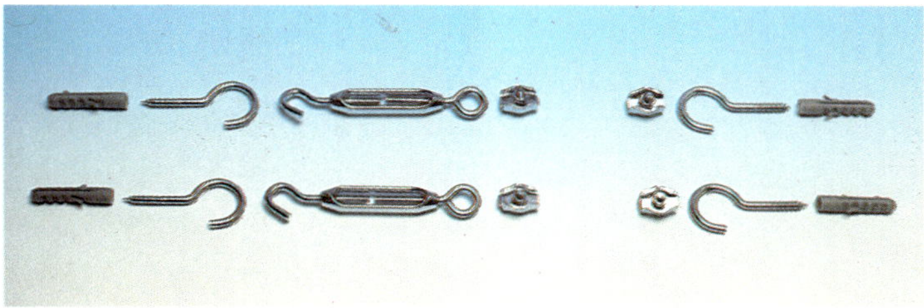

Abb. 1

Abb. 2

anlage nicht selbst auszuführen, sondern einen Elektriker hinzuzuziehen.
Aus optischen Gründen befindet sich der Trafo üblicherweise an einer Seite des Seilsystems, von wo aus auch der Strom eingespeist wird. Es kann unter bestimmten Voraussetzungen sinnvoll sein, den Anschluß in die Mitte des Systems zu legen. Dadurch reduzieren sich Spannungsverluste, die durch den Widerstand der Leiter bedingt auftreten. Diese Anschlußart empfiehlt sich auch dann, wenn man einen Stromauslaß in Deckenmitte nutzen will. Hier läßt sich das Spannsystem mit dem bereits vorhandenen normalen Schalter an- und ausschalten.
Bei nicht isolierten Seilen besteht immer die Gefahr eines Kurzschlusses, sei es, daß durch mechanische Einwirkung sich die Seile direkt berühren, oder daß ein Kurzschluß durch die Verbindung beider stromführender Leiter ausgelöst wird. Aus diesem Grund sind in den VDE-Bestimmungen 0711, Teil 500, Vorschriften festgelegt, um Gefahren dieser Art zu unterbinden. Die einfachste Schutzmöglichkeit besteht darin, isolierte Leitungen zu verwenden. Die Isolierung besteht aus einem durchsichtigen, nicht leitenden Material mit einer Mindestdicke von 0,3 mm. Auf diese Art der Isolierung hat man zu Beginn der Entwicklung der Niedervoltsysteme mit freitragenden Seilen verzichtet. Aufgrund von Erfahrungswerten im unmittelbaren Umgang mit dieser Technik hat sich diese VDE-Norm als notwendig erwiesen, und man tut gut daran, diese zu befolgen.
Falls Sie sich aufgrund der optischen Attraktivität zu einem System mit blanken Drähten und Stromwächter entschließen, sollten Sie besonders auf die stramme Parallelführung der Drähte achten, um eine Berührung der stromführenden Leitungen zu verhindern. Darüber hinaus läßt sich das System durch die Verwendung sogenannter Sicherheitsseilbrükken (Safe-Connection-Brükke) absichern; sie halten die Drahtseile auf Abstand.

Führung der Spannseile

Die Spannseile übernehmen bei der Beleuchtungsanlage zwei ganz unterschiedliche Aufgaben. Zum einen stellen sie die stromzuführende Verbindung zwischen Transformator und Leuchten her; zum anderen sichern sie die mechanische Befestigung für die Leuchten. Beide Aufgaben ziehen Konsequenzen nach sich, die Sie bei der Montage des Systems beachten müssen.
Zur Montage eines Seilsystems benötigen Sie grundsätzlich folgendes Befestigungsmaterial **(1)**:

- 4 Dübel und 4 Hakenschrauben, um das System an der Wand zu verankern.
- 4 Seilkauschen, um Schlaufen an den Seilenden bilden zu können.
- 2 Spannschlösser, um die Seile auf Zug zu spannen.

Da es von außerordentlicher Bedeutung ist, daß man das System stramm montiert, sollten Sie bereits im Vorfeld prüfen, ob die Wand für eine auf starken Zug ausgelegte Dübelbefestigung geeignet ist **(2)**. Diese Vorarbeit erspart Ihnen bei der Montage unangenehme Überraschungen. Erfahrungsgemäß sollte man keine Spannweiten wählen, die länger als 5 m sind. Darüber hinausgehende Entfernungen erhöhen die Belastung der Seile und den Druck auf die Dübel unverhältnismäßig stark. Sollte diese Überschreitung doch not-

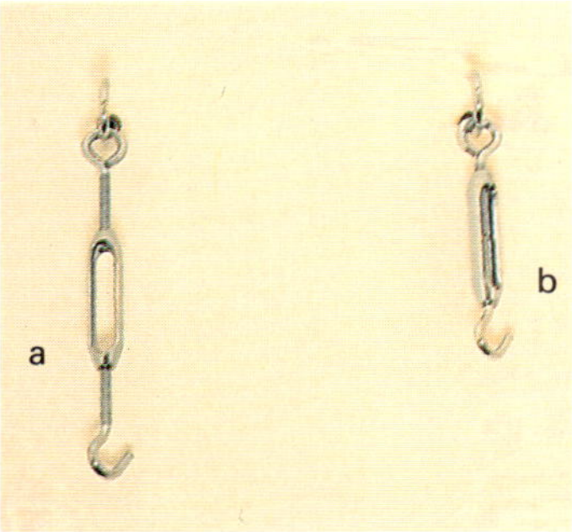

Abb. 3

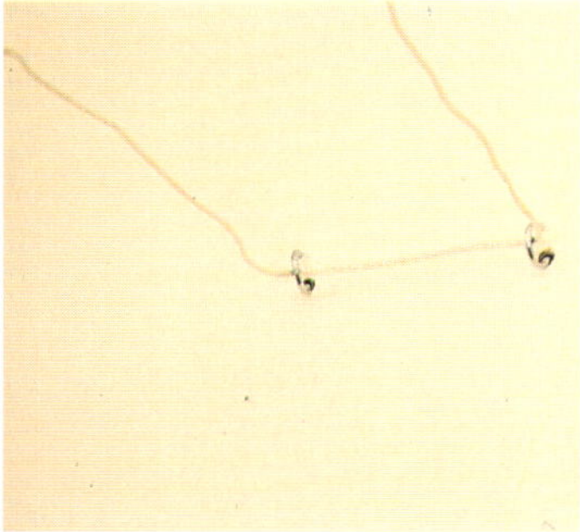

Abb. 4

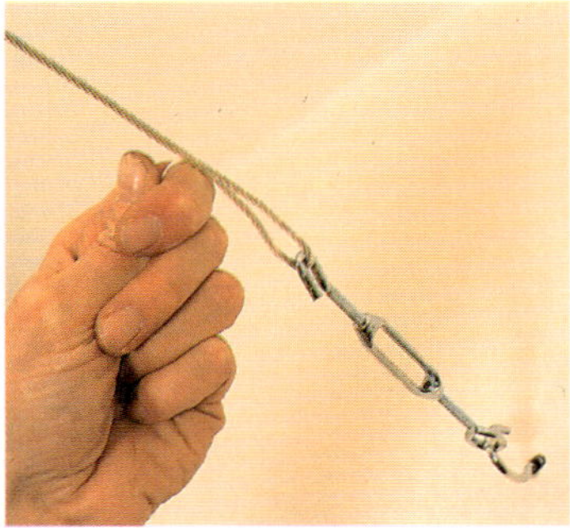

Abb. 5

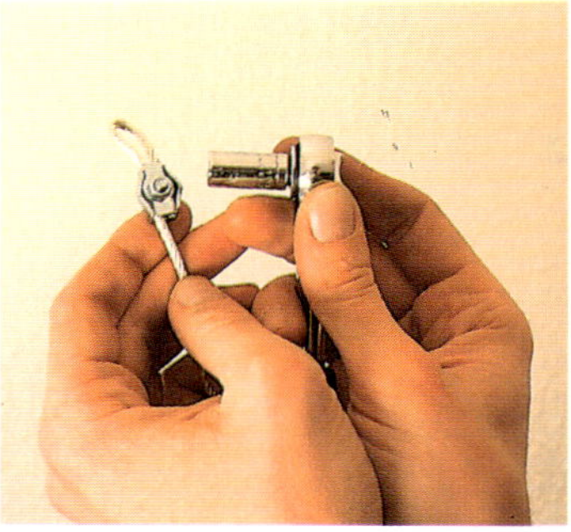

Abb. 6

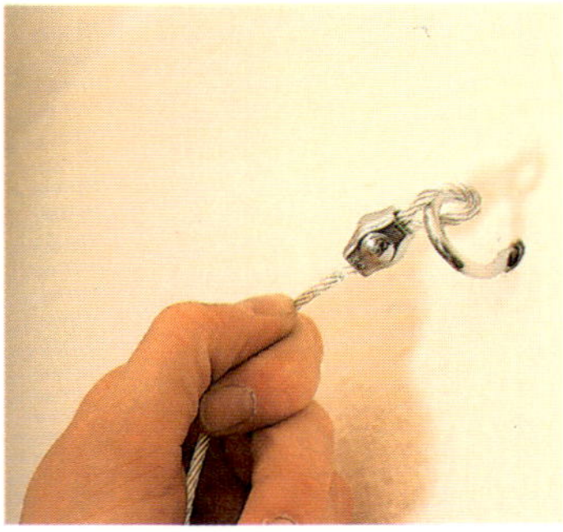

Abb. 7

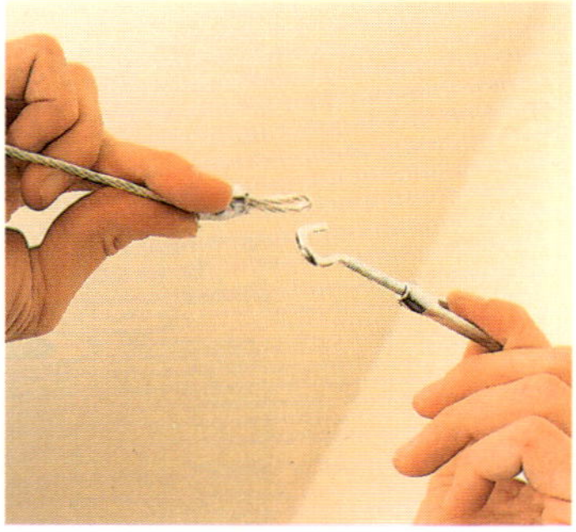

Abb. 8

wendig sein, greift man sinnvollerweise auf Seile mit Verstärkungen in Form von Kevlar- oder Stahlseilen zurück. Verwenden Sie nur Hakenschrauben und Dübel, die exakt aufeinander abgestimmt sind, nur so ist optimaler Halt gewährleistet. Nach der Befestigung der Haken legen Sie die Länge des benötigten Seiles fest. Diese Länge ist nicht gleichzusetzen mit den Abständen zwischen den Haken. Sie benötigen etwas mehr Seil, da Sie Schlaufen zum Einhängen bilden müssen. Am einfachsten und ohne Metermaß ermitteln Sie die Seillänge, indem Sie zunächst die Spannschlösser auf einer Wandseite in die Haken einhängen. Achten Sie darauf, daß die Seilspanner auf maximale Länge aufgedreht sind **(3**a**)**. Normalerweise verkauft der Fachhandel die Seilspanner in »gespanntem« Zustand, also eingedreht **(3**b**)**. Sind beide Spanner auf maximale Länge aufgedreht, hängen Sie das Seil auf der anderen Wandseite lose über die beiden Haken **(4)**. Ziehen Sie das Seil an den anderen Enden so an, daß es kaum noch durchhängt. Jetzt führen Sie es durch die Haken der Seilspanner und geben auf beiden Seiten noch rund 10 cm zu **(5)**. Damit haben Sie die benötigte Gesamtlänge ermittelt. Trennen Sie jetzt das Seilstück mit Hilfe einer Kneifzange ab, und halbieren Sie es bitte mittig. Jetzt bilden Sie mit Hilfe der Seilkauschen an jedem Seilende eine Schlaufe, die in der Größe so dimensioniert sein sollte, daß Sie sie problemlos in einen Schraubhaken und den Seilspanner einhängen können. Das Drahtseil sollte beim Einhängen eine gewisse Vorspannung besitzen, die Feinjustierung erfolgt über den auf maximale Länge aufgedrehten Seilspanner. Um diese Vorspannung zu gewährleisten, müssen die Schlaufen optimal sitzen. Bilden Sie zunächst an jedem der beiden Seilenden je eine Schlaufe. Das Seil legen Sie in die Kausche ein und drehen die Schraube mit Seil dann mit einem Sechskantschlüssel fest **(6)**. Ziehen Sie die Mutter der Kausche sehr fest an, es wirken hohe

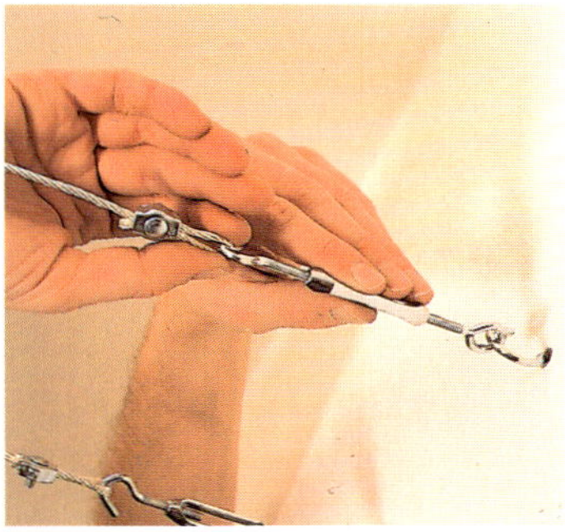

Abb. 9

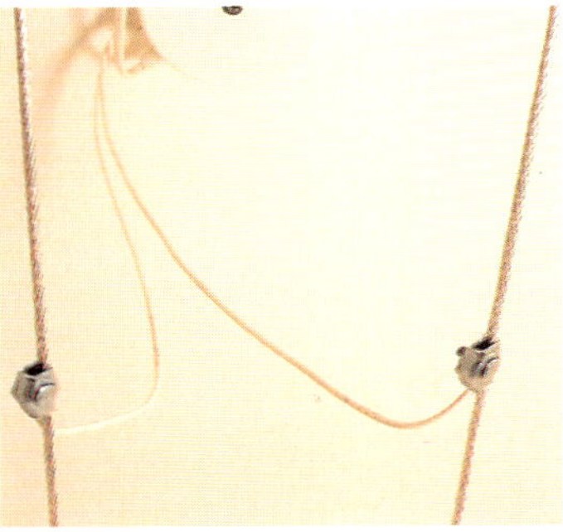

Abb. 10

Zugkräfte auf die Verbindung. Dann hängen Sie das Seil in einen der Wandhaken ein **(7)**. Auf der gegenüberliegenden Seite führen Sie das Seil erneut provisorisch durch die Haken des Seilspanners und ziehen es stramm an. So können Sie genau Maß nehmen, wo Sie die zweite Schlaufe bilden müssen. Jetzt montieren Sie auch an diesem Seilende die Kausche und trennen an allen Schlaufen das überstehende Seil mit der Kneifzange ab. Anschließend hängen Sie das Seil endgültig in den Spanner ein **(8)**. Die Feinjustierung der Verspannung nehmen Sie mit Hilfe der Einstellschrauben des Spanners vor **(9)**. Das Seil ist stramm genug gespannt, wenn es in der Seilmitte auf leichten Druck nur wenig nachgibt. Beobachten Sie beim Spannen, ob die Dübel nicht nachgeben. Zu guter Letzt müssen Sie das Seilsystem an den Transformator anschließen. Dies erfolgt ebenfalls über Seilkauschen **(10)**.

NOCH EINEN TIP
Wer aus optischen Gründen die Wandbefestigung kaschieren möchte, kann dies mit Hilfe einer einfachen Lösung tun. Ein verchromtes Röhrchen, das man über Hakenschraube, Spannhaken und Seilkausche schiebt, verdeckt sämtliche Befestigungsteile.

Leuchte für ein Spannseilsystem anfertigen

Statt teure und aufwendige Leuchten für Spannseilsysteme zu kaufen, können Sie mit sehr preiswerten Bausätzen auch leicht dekorative Leuchten selber bauen. Besonders einfach ist die Montage von Stableuchten. Dabei stellen Stahlstäbe die Verbindung zwischen der Lampe und dem Seil her. Den Stab befestigt man auf der einen Seite mit einer beweglichen Klemme am Seil, auf der anderen Seite direkt am Sockel der Lampe. Gängig sind Stab-Steg-Leuchten, bei denen sich die Lampe mittig zwischen und auf gleicher Höhe mit den Drahtseilen befindet.
Der Bausatz **(1)** einer Stableuchte (**1**a: fertig montiert, **1**b: einzelne Bauteile) be-

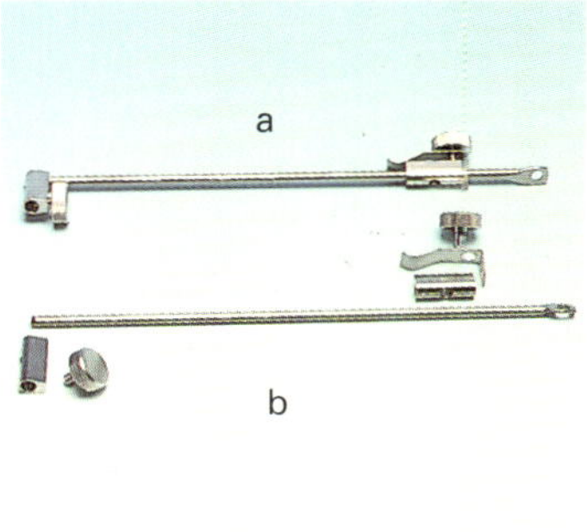

Abb. 1

Abb. 2

steht aus 2 kurzen Stäben (0,3 mm Querschnitt), 2 Fassungseinsätzen (Stahlkerne von Lüsterklemmen), 1 kleinen Klemme, um die Leuchte am Seil zu befestigen, und 4 Rändelschrauben. Theoretisch reicht dieses Material vollkommen aus, um eine Halogenlampe am Seil zu fixieren. Aus Sicherheitsgründen sollten Sie aber bei der Befestigung der Lampe eine Sicherheitsfassung verwenden **(2)**, um Kurzschlüsse auszuschließen.
Zunächst montieren Sie den Befestigungsmechanismus für das Seil. Dazu schieben Sie die Klemme und den Fassungseinsatz auf den Stab **(3)** und verbinden den Stab, Klemme und Fassungseinsatz mit einer Rändelschrau-

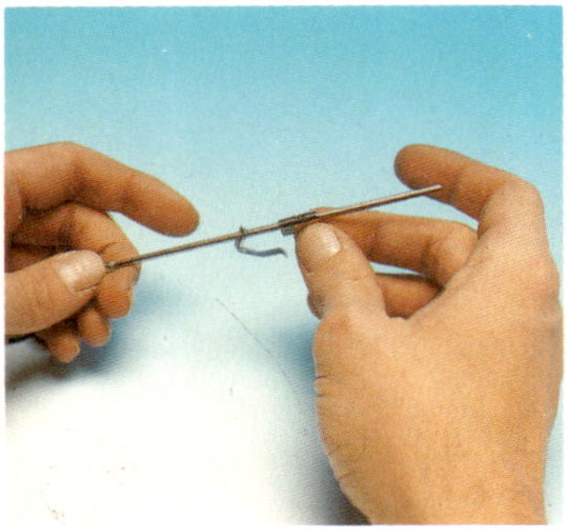

Abb. 3

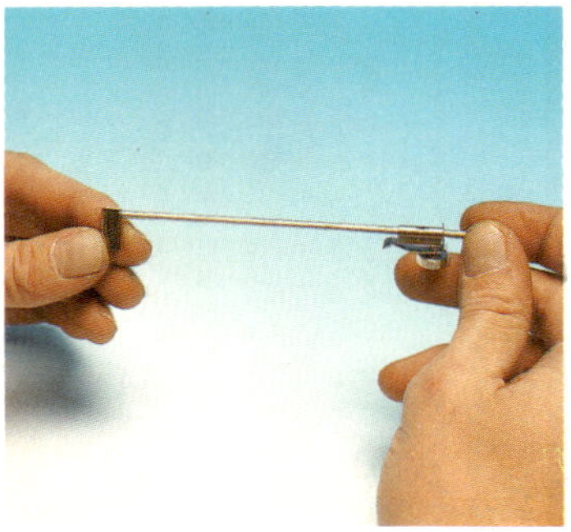

Abb. 5

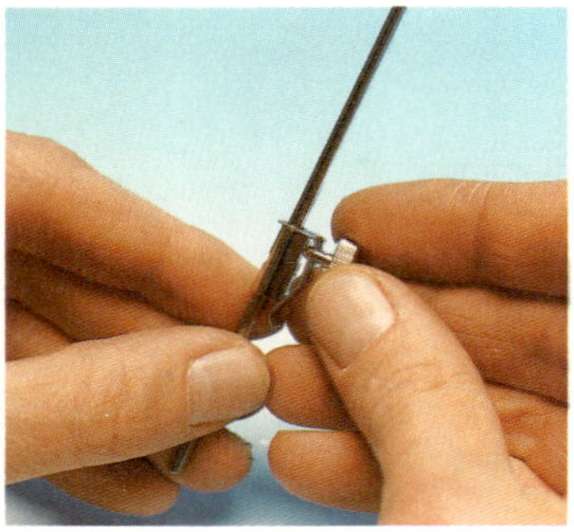

Abb. 4

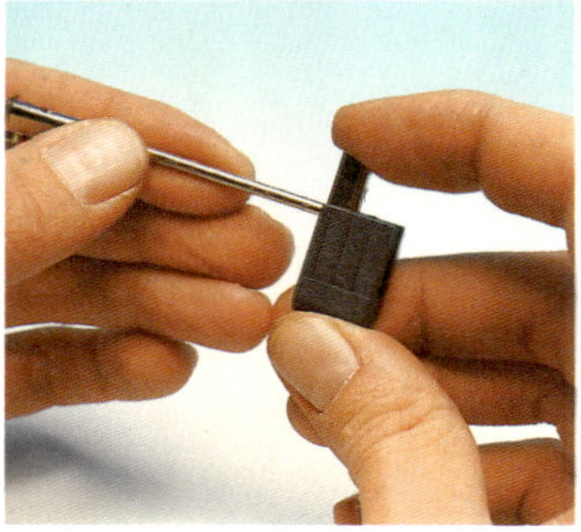

Abb. 6

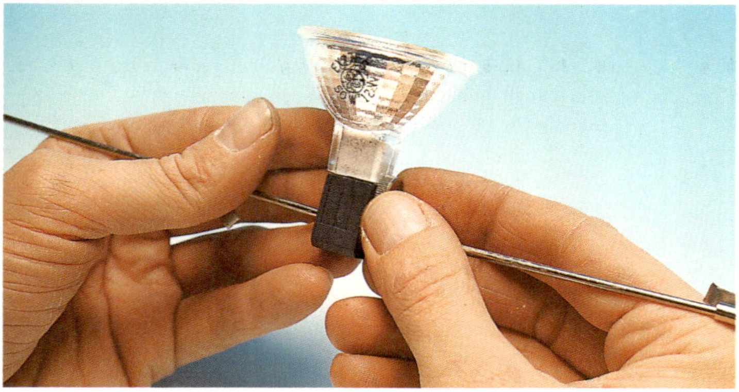

Abb. 7

be **(4)**. Ein Stabende drehen Sie dann in eines der Gewinde am Fassungseinsatz ein **(5)**. Jetzt schieben Sie den vormontierten Steg in die Sicherheitsfassung **(6)**. Den zweiten Stab montieren Sie auf die gleiche Weise.

Zum Schluß stecken Sie die Halogenlampe in die Sicherheitsfassung und befestigen die Leuchte am Seilsystem mit zwei weiteren Rändelschrauben **(7)**. Beim Anbringen der Leuchte am Seilsystem sollten Sie darauf achten, daß die Befestigung zwischen Steg und Leuchte straff sitzt. Nötigenfalls müssen Sie die Rändelschrauben noch einmal nachziehen.

Spannseilsystem mit Acryl-Halogenleuchte und Halterung montieren

Spannseilsysteme mit Acrylhalterungen und -leuchten **(1)** wirken äußerst attraktiv, weil sie leicht und luftig erscheinen. Darüber hinaus erlauben sie flexible Beleuchtungslösungen. In unserem Bildbeispiel montiert man das Spannsystem mit Hilfe eines handelsüblichen Acryl-Seilbefestigungssatzes. Als Litze kommt eine versilberte Kupferlitze mit Kevlarfaden zum Einsatz. Zudem hat man eine Acryl-Halogenleuchte, bestückt mit Kaltlichtspiegelreflektoren, verwendet. Den Seilabstand gibt der Acryl-Seilbefestigungssatz vor: er beträgt 125 mm. Das System hat den Vorteil, daß weder unattraktive Haken noch recht umständlich zu handhabende Seilspanner zum Einsatz kommen, sondern auf jeder Seite zwei gleichgroße Acrylplatten. Die Platten weisen je 3 Bohrungen auf. In die mittlere Bohrung kommt eine Schraube, die mit einer Flügelmutter zum Spannen des Systems dient. Die beiden weiteren Bohrungen dienen bei der einen Platte zur Befestigung an der Wand, bei der anderen zum Montieren der Seile. Solche Befestigungssätze besitzen allerdings den Nachteil, daß sie nur an geraden Wänden anzubringen sind; eine diagonale

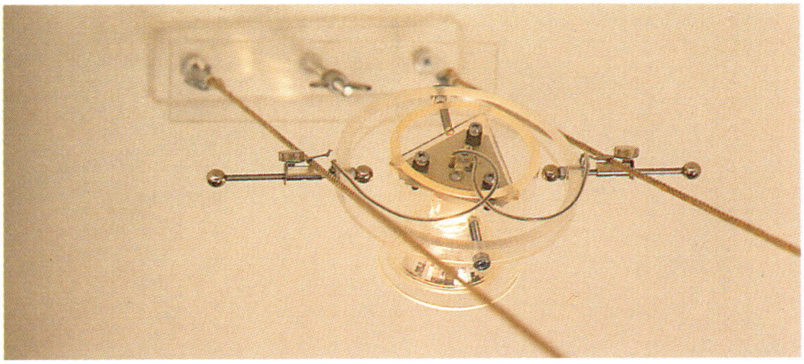
Abb. 1

Abb. 4

Abb. 2

Abb. 3

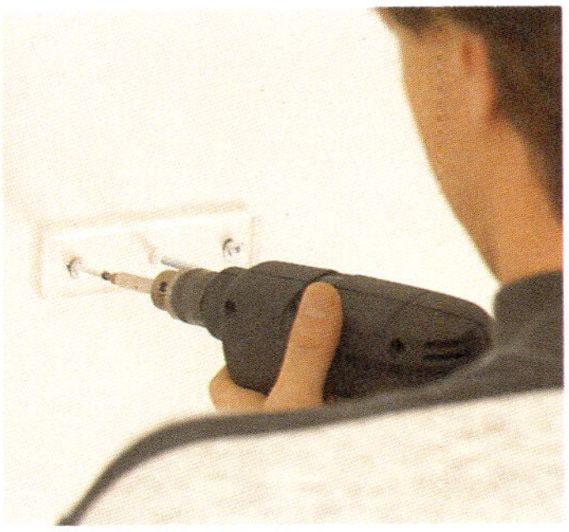
Abb. 5

Führung der Seile durch den Raum ist nicht möglich, die Montagepunkte müssen sich genau gegenüberliegen. Deshalb ist es wichtig, die Befestigungsposition auf den Wänden exakt auszumessen und anzuzeichnen **(2)**. Um eine optimale Wirkung zu erzielen, müssen die Acrylplatten genau waagrecht sitzen. Maßgenauigkeit garantieren Sie durch den waagrechten Sitz der Dübelbohrungen. Legen Sie deshalb beim Einzeichnen der Bohrlöcher eine Wasserwaage auf die Acrylplatte auf und zeichnen Sie durch die Löcher in der Platte die Bohrpositionen an **(3)**. Dann bohren Sie die Löcher für die mitgelieferten Dübel aus **(4)**. Vor dem Festschrauben der Acrylplatte müssen Sie die Spannschraube in die mittlere Bohrung einsetzen **(5)**. Auf der gegenüberliegenden Wandseite verfahren Sie genauso. Dann messen Sie die benötigte Seillänge zwischen den Halterungen aus und geben auf jeder Seite noch rund 10 cm zu. Die versilberte Kupferlitze läßt sich leicht mit einer Kneifzange durchtrennen **(6)**. Das Seil stecken Sie nun durch die äußeren Bohrungen der beiden weiteren Acrylplatten. Achten Sie darauf, daß sich die Seile nicht verwickeln. An den Seilenden bringen Sie nun die Kauschen an, die verhindern, daß die Seile durch die Bohrungen der Acrylplatten rutschen können. Dazu schrauben Sie die Kauschen jetzt zunächst auf, legen das Seil ein **(7)** und drehen dann das Deckplättchen und die dazugehörige Mutter der Kausche mit einem kleinen Sechskantschlüssel fest **(8)**. Jetzt bringen Sie das System provisorisch an, indem Sie die Acrylplatten durch die mittlere Bohrungen auf die Spannschrauben stecken und mittels der mitgelieferten Flügelmuttern anziehen. Wenn auf beiden Seiten die Flügelmutter ein Drittel eingedreht ist, müssen die Seile schon eine deutlich sichtbare Spannung aufweisen **(9)**. Außerdem müssen die Seile exakt gleichlang ausfallen. Erfahrungsgemäß gelingt dies nur selten auf Anhieb. In der Regel müssen Sie eine Acrylplatte noch einmal lösen und die Kauschen versetzen. Erst

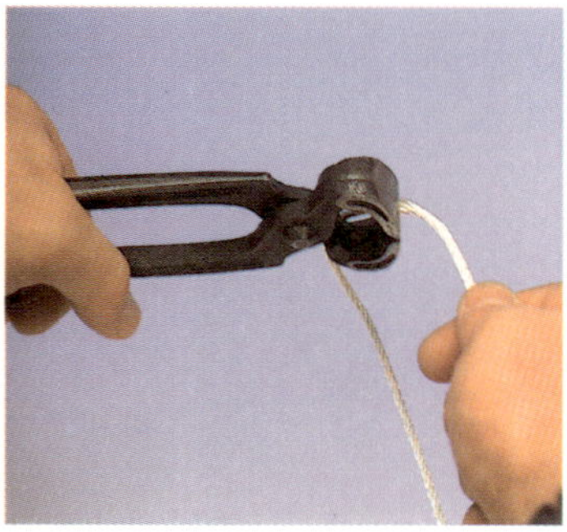

Abb. 6

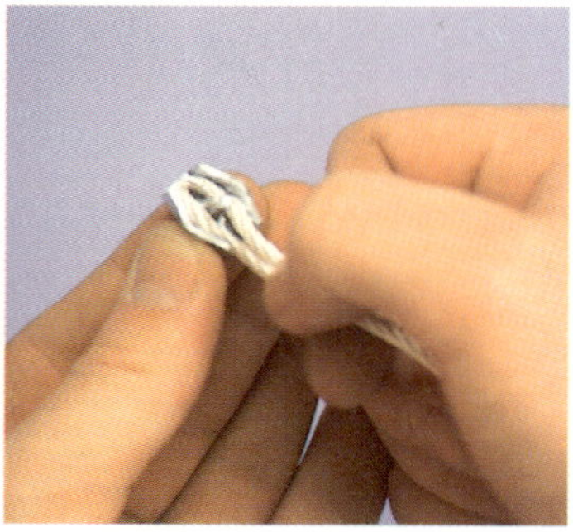

Abb. 7

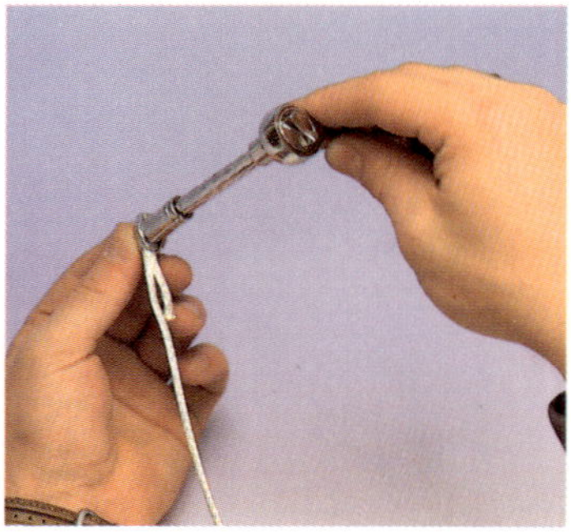

Abb. 8

Abb. 9

Abb. 10

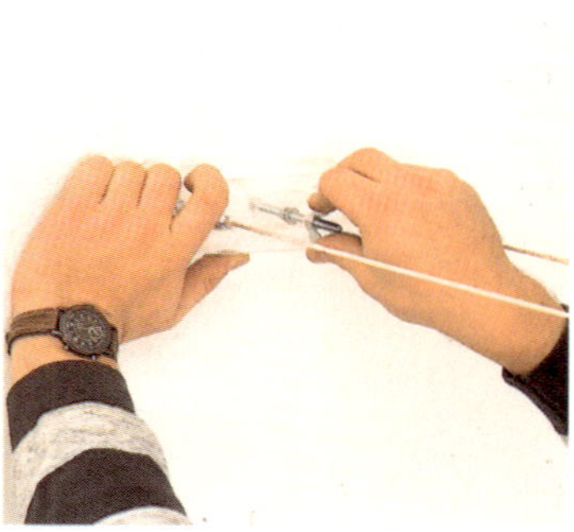

Abb. 11

wenn die Länge beider Seile exakt stimmt, können Sie die überstehenden Seilenden abkneifen **(10)** und das Seilsystem endgültig verspannen **(11)**. Ziehen Sie dazu abwechselnd auf beiden Seiten die Flügelmutter so lange an, bis die beiden Seile in der Mitte auf leichten Druck kaum noch nachgeben.
Die Montage der Acrylleuchten gestaltet sich denkbar einfach. Die Seilbefestigungsklemmen hierfür schieben Sie beidseitig auf die Seile, richten dann die Leuchte mittig aus und justieren sie mit den Rändelschrauben **(12)**.
Nach der Grundmontage von Seilsystem und Leuchten nehmen Sie unter Beachtung der Sicherheitsvorschriften den Stromanschluß vor.

ACHTUNG
Bevor Sie an diese Arbeit gehen, müssen Sie auf alle Fälle die entsprechende Stromsicherung herausnehmen. Beachten Sie zusätzlich die grundlegenden Sicherheitsmaßnahmen (siehe Seite 20).

In unserem Bildbeispiel hat man den Transformator an den Deckenstromauslaß angeschlossen. Dazu suchen Sie parallel zum Auslaßpunkt mittig über dem Spannseilsystem eine Montageposition für den Transformator. Der hier verwendete weist eine Mittenbohrung auf, durch die man ihn an Wänden oder Decken befestigen kann. Da der Transformator recht schwer ist, muß man ihn unbedingt in der Decke verdübeln. Dazu bohren Sie ein entsprechendes Loch **(13)**, stecken einen passenden Dübel ein und schrauben den Stromwandler mit einer langen Schraube fest **(14)**.
Beim Stromanschluß konzentrieren Sie sich zunächst auf den Niedervoltbereich. Dazu kürzen Sie die beiden 12-Volt-Leitungen mit Hilfe einer Kneifzange so ein, daß sie gut 3 cm länger ausfallen, als der erforderliche Abstand zwischen Transformator und Seilsystem **(15)** beträgt.
Dann entisolieren Sie die Enden **(16)**. Statt den Stromanschluß an das Seilsystem wie üblich mit Seilkauschen vorzunehmen, hat man hier eine Sicherheitsseilbrücke

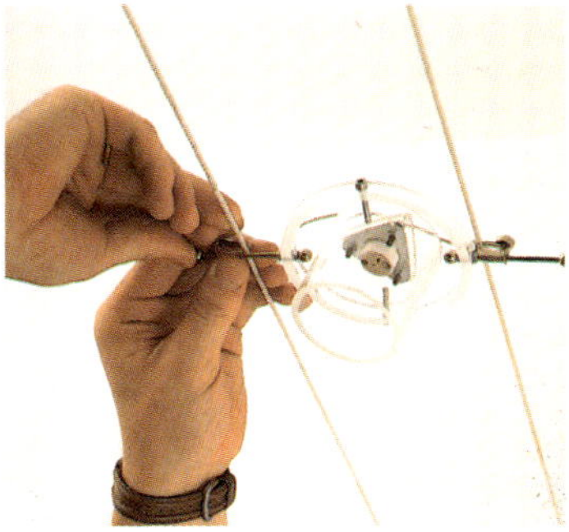

Abb. 12

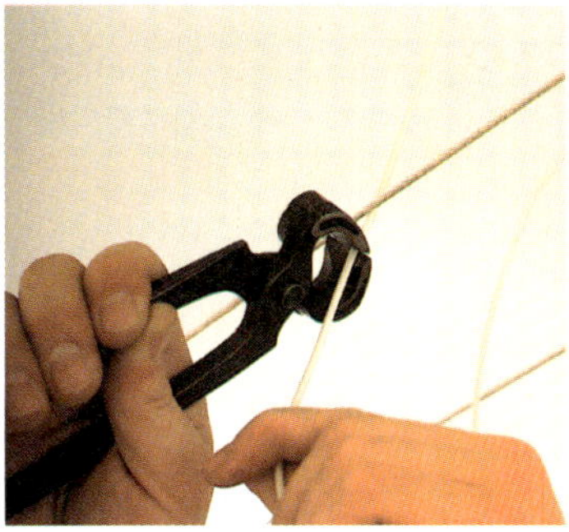

Abb. 15

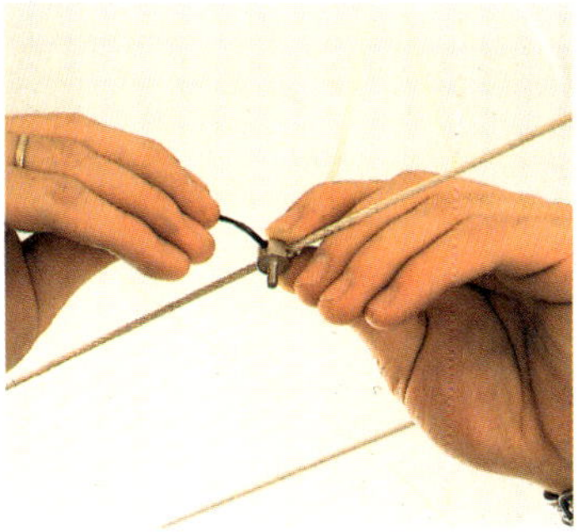

Abb. 17

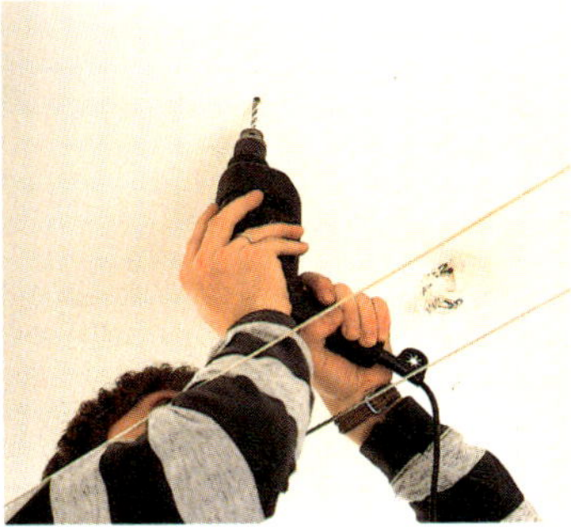

Abb. 13

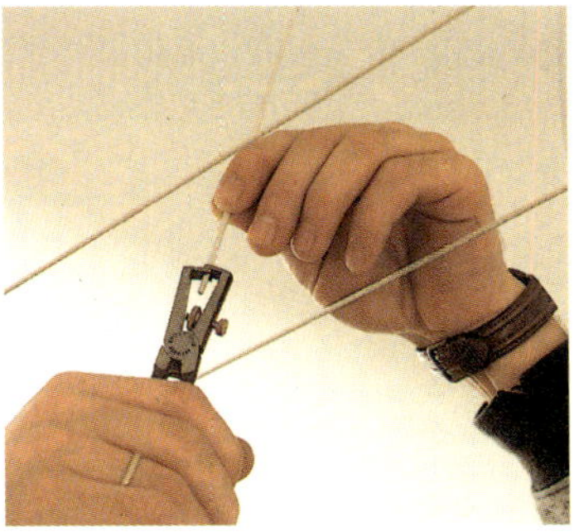

Abb. 16

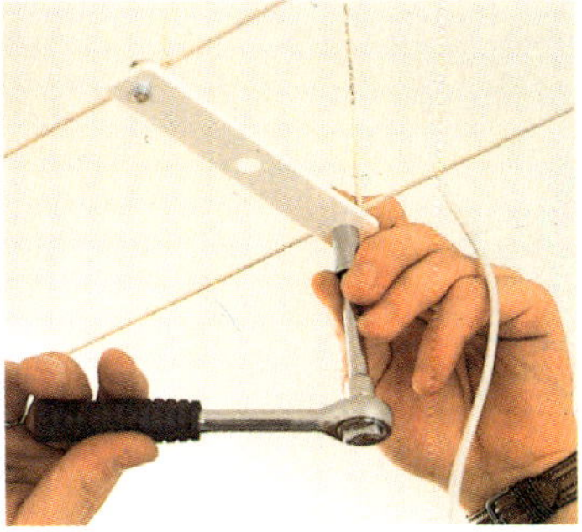

Abb. 18

Abb. 14

Abb. 19

verwendet. Sie montiert man zwischen den Seilen als Abstandhalter, um mögliche Kurzschlüsse auszuschließen. Diese Brücke verbindet man über eine Fassung fest mit den Seilen. An der Kontaktstelle der Brückenfassung können Sie problemlos die Zuleitung vom Transformator mit anmontieren **(17)**. Dann schrauben Sie die Brükke an den Fassungen fest **(18)** und stecken die Abdeckplättchen auf. Im letzten Arbeitsschritt schließen Sie den Transformator an den Deckenauslaßpunkt an **(19)**.

Abb. 1

Abb. 3

Abb. 2

Designerleuchten

Durch die unendlichen Gestaltungsmöglichkeiten im Niedervoltbereich entdeckten besonders Designer den Beleuchtungssektor als ein reizvolles und unerschöpfliches Betätigungsfeld **(1)**. Die neue Lampengeneration vereint zwei Dinge in einem: Funktion und Ästhetik. Ein Blick über die Schultern der professionellen Leuchtendesigner dient der eigenen Anregung und Ideensammlung. Der Trafo des abgebildeten Beleuchtungssystemes besitzt als Herzstück einen Ringkerntransformator mit beidseitiger Glasabdeckung **(2)**. Die Abdeckscheiben sowie die Anschlüsse sind verchromt und bilden dadurch ein einheitliches Erscheinungsbild mit den Spannseilen. Die Stromversorgung erfolgt über eine flexible Zuleitung. Der besondere Pfiff besteht in der Schwenkbarkeit der Strahler um 360 Grad. Das Prinzip funktioniert wie ein zweifach gelagertes Kardangelenk, das durch ein Doppelgelenk Dreh- und Schwenkbewegungen in alle gewünschten Richtungen möglich macht.
Dasselbe System gibt es als Einzelhängeleuchte, der Strom wird von dem Transformator an der Decke eingespeist **(3)**. Die Leuchte besitzt fünf 50-Watt/12-Volt-Strahler mit Kaltlichtlampen.

Individuelle Fertigsysteme und gebrauchsfertige Leuchten

Unabhängig von den Drahtseilsystemen bietet der Markt Systeme an, bei denen ein hohes Maß an industrieller Vorfertigung die Eigenarbeit auf ein Minimum reduziert. Die Rede ist von Stromschienensystemen, die Anfang der siebziger Jahr für eine kleine Revolution auf dem Beleuchtungssektor gesorgt haben. An diese Stromschienen lassen sich mit Adaptern Strahler befestigen, die dreh- und schwenkbar ausgelegt sind **(1)**. Stromschienen bestehen aus stranggepreßten Aluminium-

Abb. 1

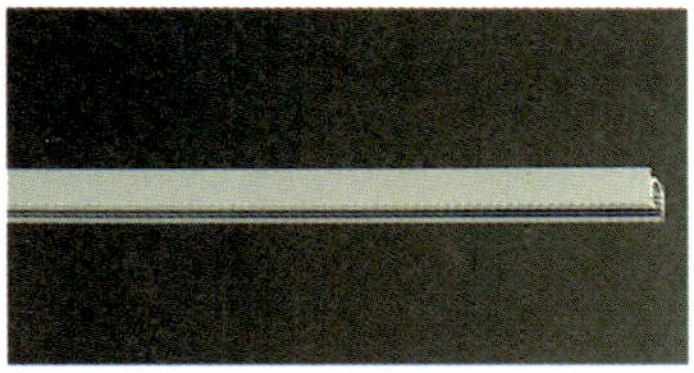

Abb. 2

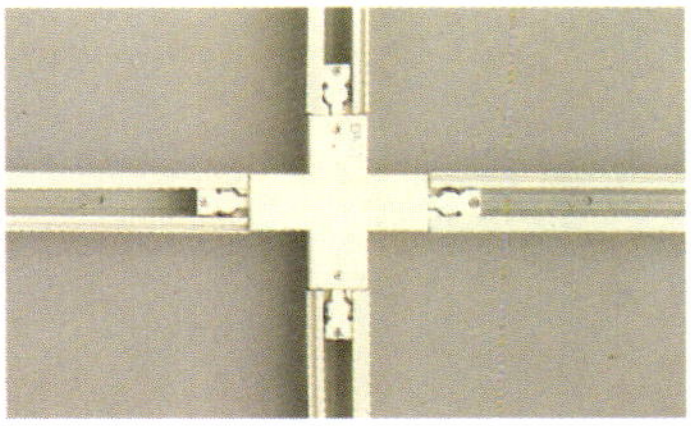

Abb. 3

profilen mit innenliegenden Kupferleitern **(2)**. Standardfarben sind Weiß, Silber, Bronze und Schwarz. Man unterscheidet zwischen 1-Phasen- und 3-Phasen-Stromschienen. Bei der 1-Phasen-Schiene steht ein Stromkreis für die Leuchten zur Verfügung, der für den privaten Bereich vollkommen ausreicht.
Die 3-Phasen-Schiene bietet die Möglichkeit, zwei zusätzliche Stromkreise anzuschließen. Das bedeutet, daß man insgesamt drei unterschiedliche Leuchtengruppen schalten kann. Die Stromschiene für Niedervolt besitzt den gleichen Querschnitt wie die Hochvoltschiene. Die in der Schiene verwendete Spannung beträgt 12 oder 24 Volt. Die Einzellängen betragen für die Hochvoltschiene maximal 4 m, für die Niedervoltschiene 2 m. Die Schienen lassen sich durch ein umfangreiches Zubehör von Verbindungsteilen zusammenstekken und zu unterschiedlichen Formen zusammenfügen.
Die elektrische Einspeisung erfolgt in den Verbindungsteilen **(3)**. Durch spezielle Profilierungen in den Verbindern stellt man den elektrischen Kontakt zum gesamten System her. Die Montage der Systeme erfolgt entweder direkt an die Decke oder mit Hilfe von Abhängungen in Form von Drahtseilen oder Pendelstangen. Besonders in hohen Räumen kann es von Vorteil sein, das System tiefer zu hängen. Die Gesamtbelastung des Leiterquerschnittes beträgt maximal 16 Ampere, das entspricht im Hochvoltbereich einer Leistung von 3500 Watt. Ist eine höhere Belastung gewünscht, muß man die Stromkreise trennen. Eine weitere Möglichkeit besteht darin, das System, falls vorhanden, an ein Drehstromnetz anzuschließen. Dann kann man jeden der drei Stromkreise mit 16 Ampere belasten.
Diese Verdrahtung ist keine Aufgabe für den Amateur, sie sollte man dem Fachmann überlassen.

Downlights

Downlights nennt man im allgemeinen Sprachgebrauch Leuchten, die man in oder auf eine Decke montieren kann **(4)**. Es gibt diese Einbauleuchten in runder oder eckiger Form. Das wichtigste Merkmal der Downlights besteht darin, daß die Lichtwirkung vornehmlich nach unten gerichtet ist.
Durch die Weiterentwicklung der Niedervolttechnik im Lampenbereich und der damit verbundenen Verkleinerung, konnte man die Downlights auf kleinste Baugröße reduzieren. Lichtaustrittsöffnungen von nur 2 Zoll, das entspricht etwa 7 cm, sind dadurch möglich geworden. Mit Downlights kann man sehr zurückhaltende Lichtlösungen erzielen, weil die Leuchtenkörper durch die Integration in den Deckenhohlraum kaum auffallen. Trotzdem erzielen sie durch die hohen Lichtleistungen der Halogenlampen außerordent-

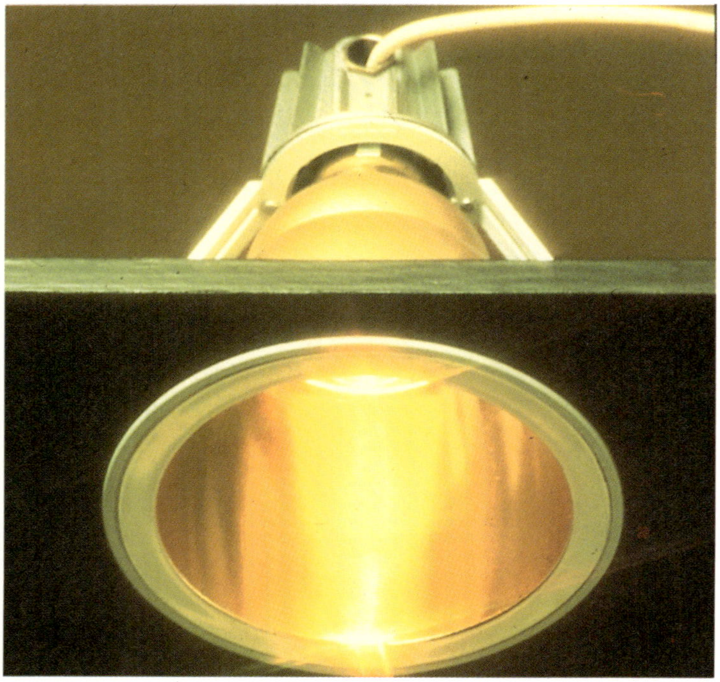

Abb. 4

liche Wirkung. Bei einer Beleuchtung mit Downlights steht demnach die Lichtwirkung und weniger der Leuchtenkörper im Vordergrund. Eine gute Farbwiedergabe und ein angenehmes Licht erzielt die Kombination Downlight und Halogenglühlampe; sie ist vor allem auch für eine angenehme Beleuchtung zu Hause zu empfehlen. Voraussetzung dafür ist die Möglichkeit, den Leuchtenkörper in einen Deckenhohlraum einzubauen. Die notwendige Einbautiefe liegt beispielsweise in einer Holzbalkendecke zwischen den Sparren vor. Der Einbau in Massivdecken ist zwar auch möglich, hier muß man allerdings mit erheblich mehr Aufwand rechnen. Für den Einbau des Downlights in eine abgehängte Trockendecke, beispielsweise einer Gipskartondecke benötigt man lediglich eine Stichsäge für den Deckenausschnitt, einen Bleistift sowie einen Schraubenzieher. Downlights, die rotationssymmetrisch, das heißt in alle Richtungen nach unten gleich intensiv strahlen, bietet die Industrie mit den unterschiedlichsten Ausstrahlungswinkeln an. Für eine gleichmäßige Raumbeleuchtung verwendet man idealerweise große Ausstrahlungswinkel von 40 Grad. Eine besondere Bauform stellt der sogenannte Downlight-Wandfluter dar. Diese Leuchte setzt man ein, wenn man großflächige Wände gleichmäßig ausleuchten will. Ein spezieller Reflektoreinsatz sorgt dafür, daß die Strahlung vorwiegend gegen die Wände gerichtet ist. Besondere Bauformen ermöglichen eine Wandbeleuchtung über Eck (Downlight-Eckwandfluter) oder eine Beleuchtung zweier gegenüberliegender Wände (Downlight-Doppelwandfluter).
Downlights, bei denen man den Reflektor mit Lampe bewegen, das bedeutet um 360 Grad drehen und um 30 bis 40 Grad neigen kann, nennt man Downlight-Richtstrahler. Diese Leuchten kann man ebenfalls für die Beleuchtung von Objekten an der Wand benutzen. Sie unterscheiden sich aber grundsätzlich von den beschriebenen Wandflutern. Der Unterschied liegt in der Art der Strahlwirkung. Es ist möglich, mit Downlight-Richtstrahlern sehr kleine Bereiche zu illuminieren; Wandfluter sind dagegen immer auf eine breite Strahlung ausgelegt. Beim Einbau in die Dekke erweisen sich die Richtstrahler als äußerst variabel, insbesondere bei veränderter Möblierung, weil man sie der neuen Situation problemlos durch Änderung der Strahlungsrichtung anpassen kann. Immer größerer Beliebtheit erfreuen sich Einbauleuchten, bei denen man die Lampe auf einen Aufnahmering steckt. Als Leuchtmittel empfiehlt sich die Halogenglühlampe mit kleinen Leistungen zwischen 5 und 20 Watt, weil man durch die enorme Leuchtdichte der Wendel eine Brillanz erzeugen kann. Bei mehreren Leuchten erreicht man den Eindruck eines Sternenhimmels an der Decke.

Halogenleuchten für den Selbstbau

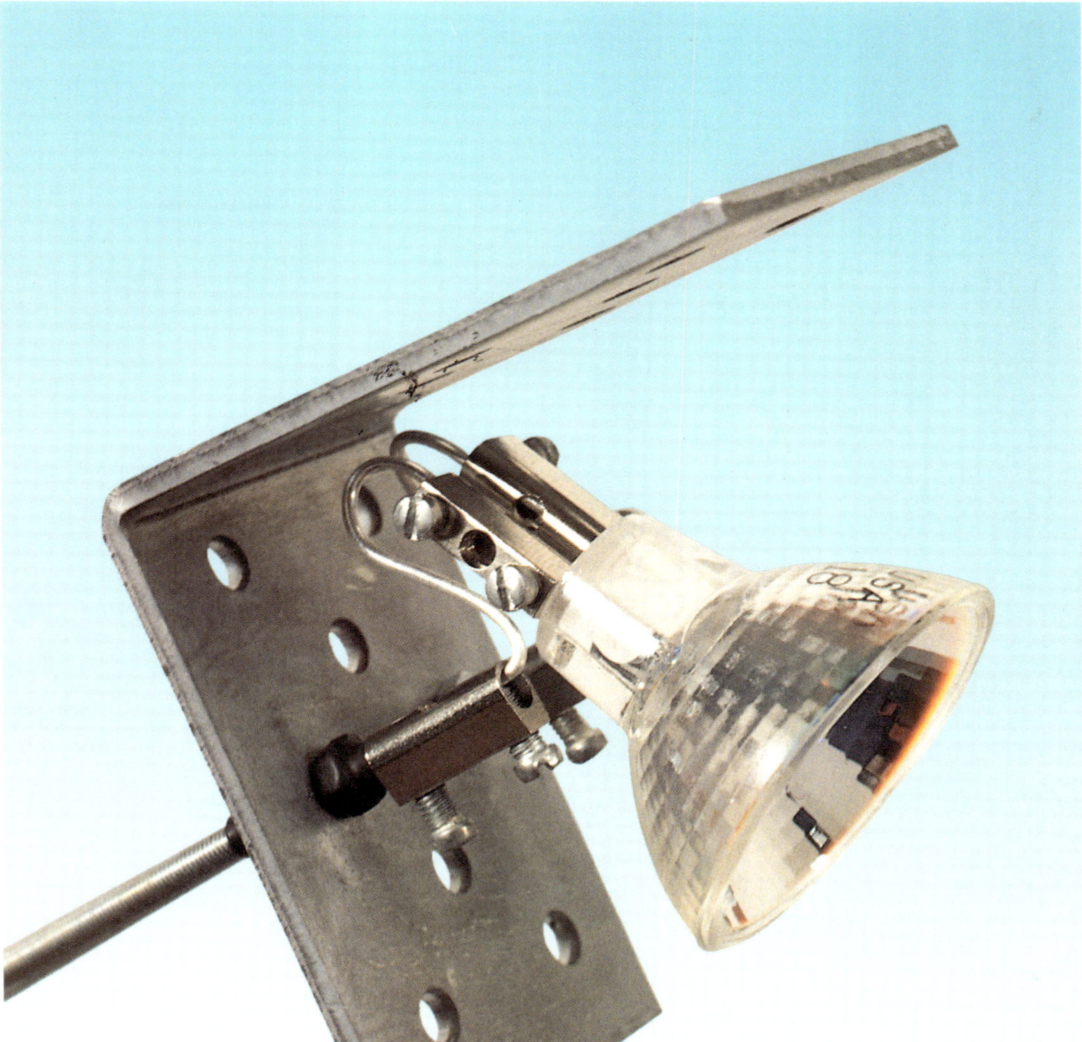

Abb. 1

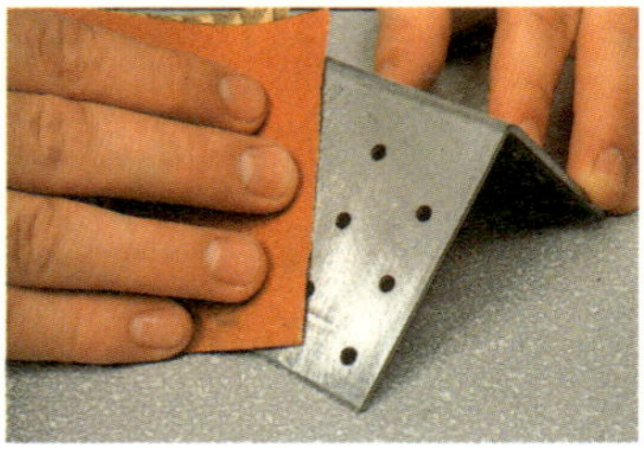

Abb. 2

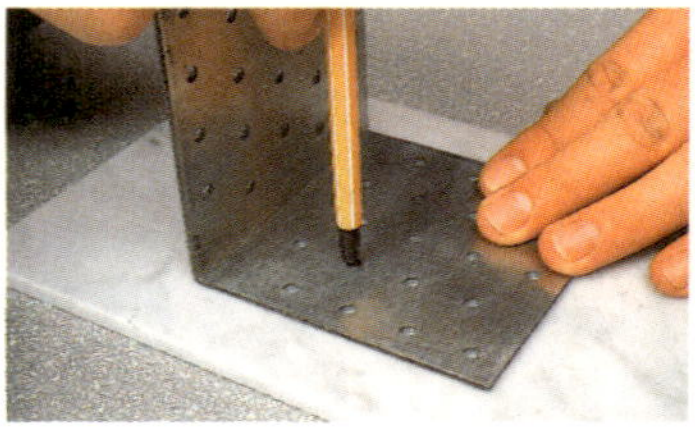

Abb. 3

Schreibtisch-leuchte

Die Niedervolttechnik macht einen Bau von Leuchten möglich, der ohne Kabelführung zur Lampe auskommt. Statt des Kabels können Sie tragende Elemente aus leitfähigem Material als Stromleiter verwenden. Bei dieser Arbeitsleuchte **(1)** führen zwei gebogene Gewindestäbe, je 1 m lang und mit einem Querschnitt von 3 mm, den Strom vom Sockel zur Lampe. Der geringe Querschnitt der Stäbe verleiht der Leuchte Leichtigkeit, erfordert aber eine straffe Stabführung, damit die Leuchte Festigkeit erhält. Diese Funktion übernehmen zwei Eisenwinkel (Dachwinkel), die unten 10 und oben 4 cm breit sind. Die Winkel sind bereits vorgebohrt und passen vom Material her gut zu den Stäben. Da die Leuchte eine Spannweite von rund 80 cm aufweist, muß sie ein stabiler Sockel tragen. Als Material hat man hier eine 0,5 cm starke Marmorfliese (10 x 30 cm) gewählt, die auf einer dünnen Holzkonstruktion befestigt ist. Die Stromzufuhr erfolgt über einen 25-Watt-Steckertransformator mit einem Schnurschalter. Man könnte auch einen stärkeren Stromwandler verwenden.

Werkzeug:
- Bohrständer mit Bohrmaschine und Bohrern
- Gehrungssäge
- Spitzzange
- Abisolierzange
- kleiner Schraubenzieher
- Tacker
- Hammer
- Zollstock
- Säge
- Stift
- Schmirgelpapier (Körnung 200)

Material:
- 2 Eisenwinkel, 4 und 10 cm breit
- Marmorfliese, einseitig poliert, 10 x 30 cm
- 2 Gewindestäbe, 1 m, 3 mm Querschnitt
- 8 Muttern
- 4 Unterlegscheiben
- 6 Fassungskerne von Lüsterklemmen mit Madenmuttern
- Schrumpfschlauch
- Silberdraht
- Holzleiste, 80 cm lang, 2 x 1 cm
- Preßkarton
- 10 kleine Nägel
- weißes Klebeband
- Reststück Plexiglas, 4,5 x 2 cm
- Transformator
- Schnurschalter
- Halogenglühlampe

Im ersten Arbeitsschritt bauen Sie den Sockel. Dazu schleifen Sie den großen Winkel mit Schmirgelpapier feiner Körnung (mindestens 200) blank, damit er optisch attraktiver wirkt **(2)**. Die Gewindestäbe führen Sie durch zwei der mittleren Bohrun-

Abb. 4

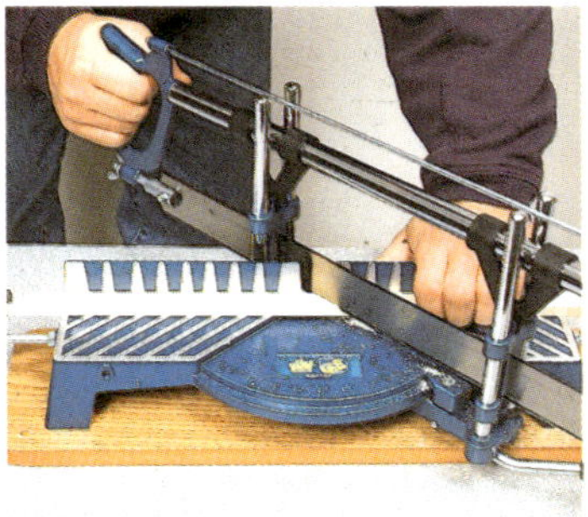

Abb. 5

Abb. 6

Abb. 7

Abb. 8

Abb. 9

Abb. 10

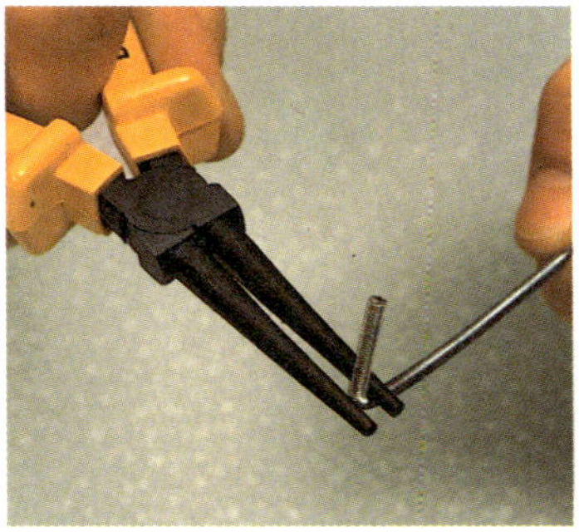

Abb. 11

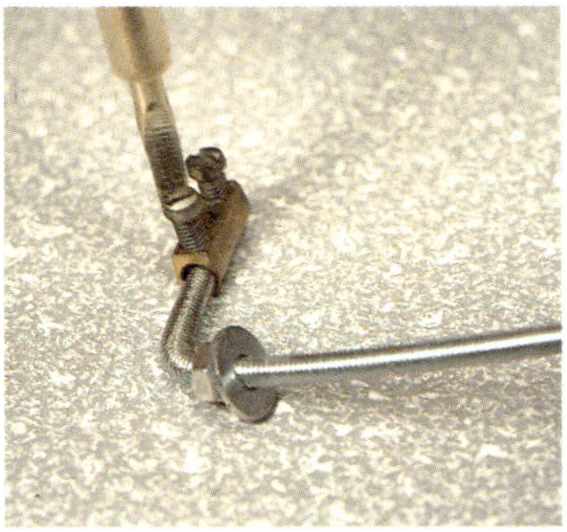

Abb. 12

gen im Winkel. Die Bohrungen in der Marmorplatte müssen den gleichen Abstand wie die mittleren Winkelbohrungen aufweisen, das heißt etwa 12 cm vom schmalen Rand entfernt sein und mittig sitzen. Zum Einzeichnen der Bohrlöcher in die Marmorfliese benutzen Sie den Winkel **(3)**. Marmor ist sehr weich. Die 3 mm starke Bohrung sollten Sie unbedingt mit Hilfe eines Bohrständers durchführen, um zu vermeiden, daß die Löcher ausfransen (polierte Seite der Platte nach oben) **(4)**.
Um die Gewindestäbe mit den Kabeln des Transformators verbinden zu können, muß die Platte auf einer kleinen Holzkonstruktion sitzen. Eine 1 cm starke, 2 cm breite Holzleiste reicht aus. Mit ihr bilden Sie ein Viereck (Außenkanten 26 x 13 cm). Die Leisten sägen Sie auf Gehrung **(5)**. Eines der Leistenstücke benötigt eine Boh-

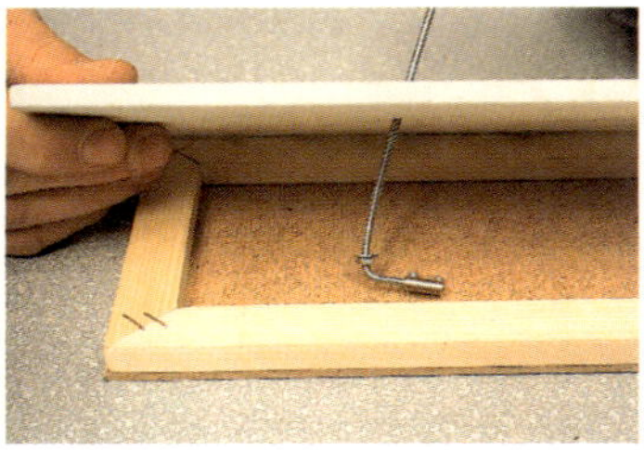

Abb. 13

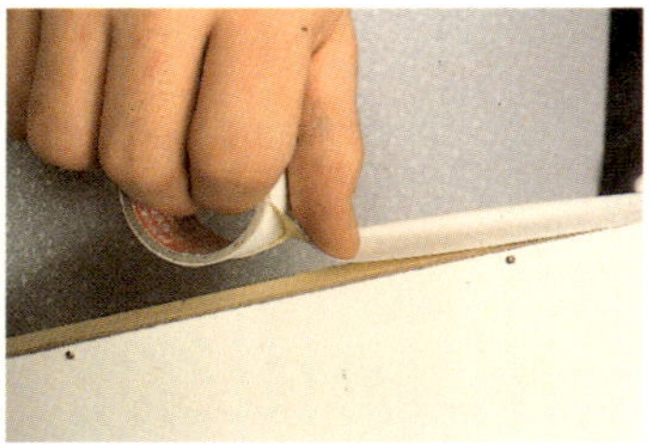

Abb. 14

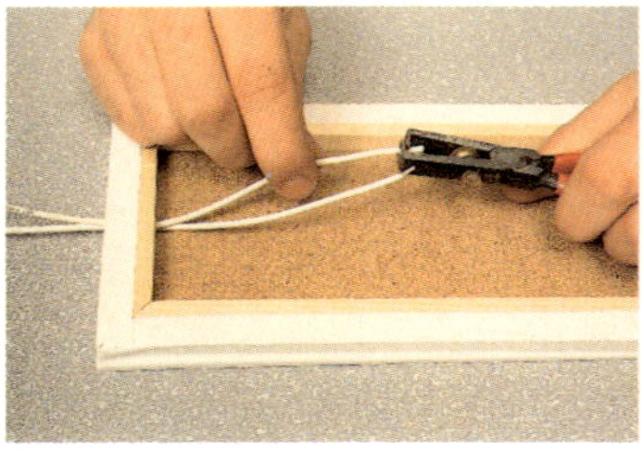

Abb. 15

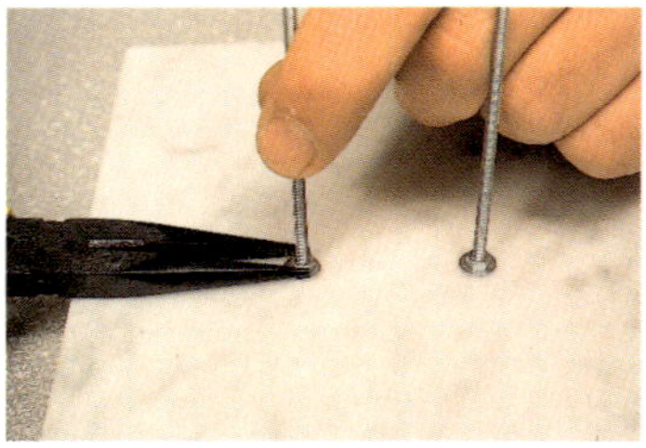

Abb. 16

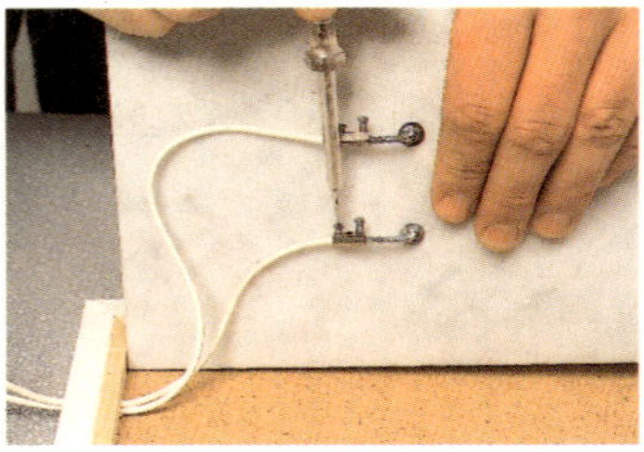

Abb. 17

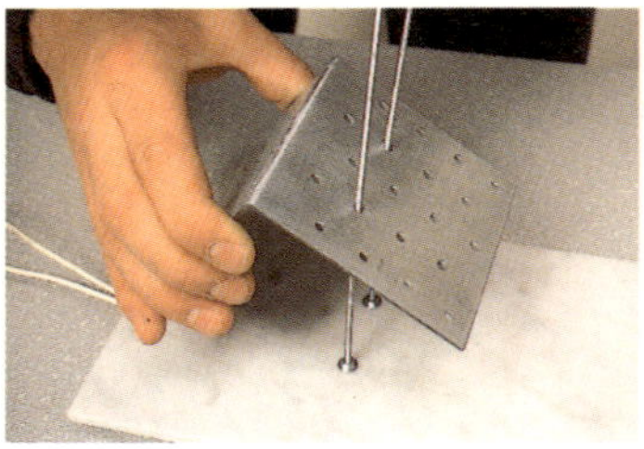

Abb. 18

rung von etwa 4 mm, um das Stromkabel durchführen zu können **(6)**. Anschließend tackern Sie die Leisten zu einem Viereck zusammen **(7)**; dieses erhält dann noch durch eine Grundplatte aus Preßkarton Stabilität. Zum Anzeichnen der benötigten Plattengröße können Sie das Viereck nutzen **(8)**, zum Aussägen reicht ein Fuchsschwanz **(9)**. Viereck und Grundplatte verbinden Sie mit kleinen Nägeln **(10)**.
Jetzt bereiten Sie den Stromanschluß an die Gewindestäbe vor. Dazu drehen Sie zunächst eine passende Mutter mit Unterlegscheibe auf ein Stangenende ein und biegen den Stab mit einer Zange 3 cm (45 Grad) um **(11)**.
Auf das Ende setzen Sie den Fassungskern einer Lüsterklemme und schrauben ihn mit einer der Madenmuttern fest **(12)**. Den so vorbereiteten Stab schieben Sie mit dem anderen Ende durch die Bohrungen der Marmorplatte **(13)**. Mit dem zweiten Stab verfahren Sie genauso.
Aus optischen Gründen verkleben Sie den Rand des Holzsockels mit weißem Klebeband **(14)**, führen die Kabel vom Transformator durch die Bohrung in der Leiste zum Sockelinneren und entisolieren die Enden **(15)**. Bevor Sie die Kabel anschließen, befestigen Sie den Stab auf der Marmorplatte. Gegen die bereits aufgeschraubte Mutter setzen Sie von oben eine Gegenmutter mit Unterlegscheibe und fixieren so den Stab **(16)**. Zum Festdrehen können Sie eine Spitzzange oder einen passenden Maulschlüssel verwenden.
Jetzt befestigen Sie die Kabel an den Lüsterklemmen-Fassungen am Stab **(17)** und kleben die Marmorplatte mit Zwei-Komponentenkleber auf das Holzkästchen. Der Sockel mit Kabelanschluß ist damit abgeschlossen.
Von oben schieben Sie jetzt den unteren Dachwinkel auf die Stäbe und in seine Position **(18)**. Da die Bohrungen von Platte und Winkel versetzt zueinander sind, entsteht eine Spannung auf den Stäben, die den Winkel ohne weitere Befestigung justiert.
Der Winkel besteht aus leitfähigem Material. Um Kurzschlüsse auszuschließen, müssen Sie einen der Stäbe an der Stelle, an der Sie ihn durch die Bohrung des Winkels führen, isolieren. Dazu benutzen Sie einen sogenannten Schrumpfschlauch. Das ist ein Isolationsmaterial, das sich bei Erhitzung – beispielsweise mit einem Feuerzeug – zusammenzieht. Diesen Schlauch führen Elektronikhändler, der Umgang mit den schwarzen Schläuchen ist unproblematisch und erfordert wenig Vorwissen.
Als weitere Kurzschlußsicherung erhält die Leuchte in

Abb. 19

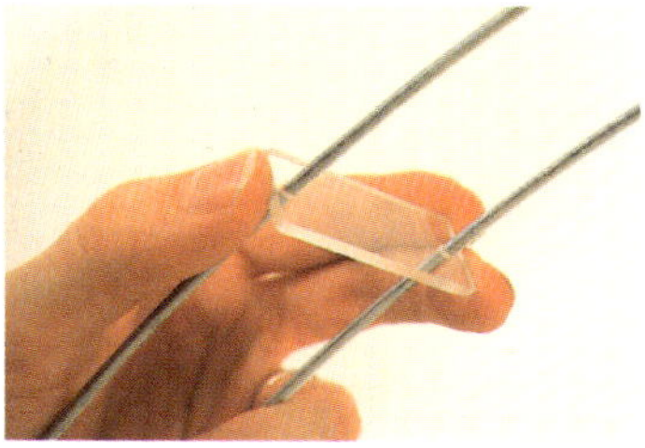

Abb. 20

der Mitte von den Stäben eine Brücke aus Plexiglas. Dazu sägen Sie ein Plexiglasstückchen (2 x 4,5 cm) aus; das Material läßt sich problemlos mit einer Holzsäge bearbeiten. In das passend zugeschnittene Plättchen bohren Sie ganz eng an den Seiten mit einem 3-mm-Bohrer **(19)** zwei Löcher und schieben die fertige Brücke dann von oben auf die Stäbe, etwa bis zur Mitte **(20)**. Der Fachhandel bietet kleine Plexiglasplatten (25 x 25 cm) an, man kann aber auch nach einem Abfallstück fragen.
Zum Abschluß der Arbeiten fertigen Sie den Leuchtenkopf an.
Hierzu schleifen Sie den kleinen Winkel wie den großen zunächst blank und stecken ihn dann mit einer Seite auf die Stäbe **(21)**. Zuvor müssen Sie jedoch eine Kontermutter zum späteren Justieren des Winkels eindrehen, ebenso nach dem Auf-

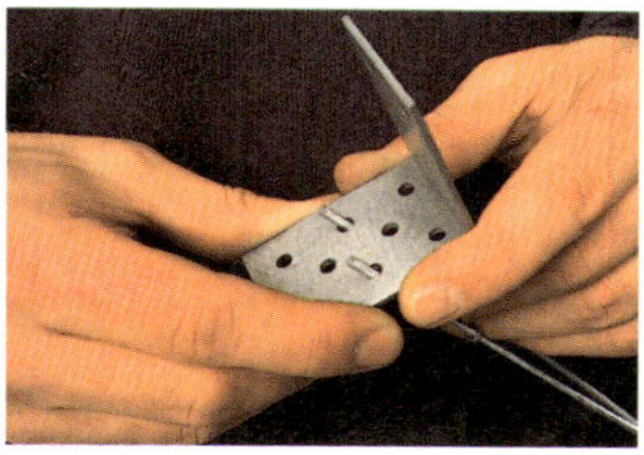

Abb. 21

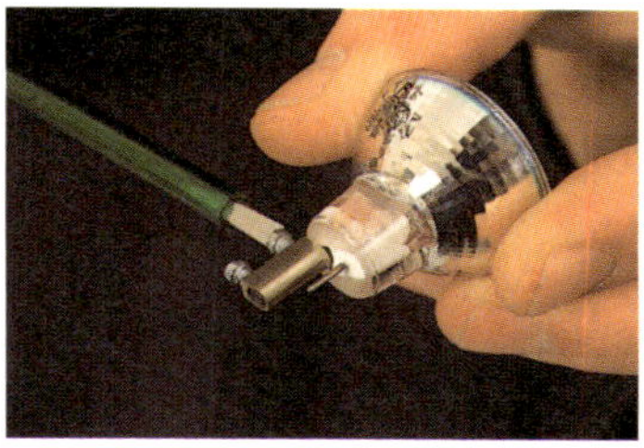

Abb. 22

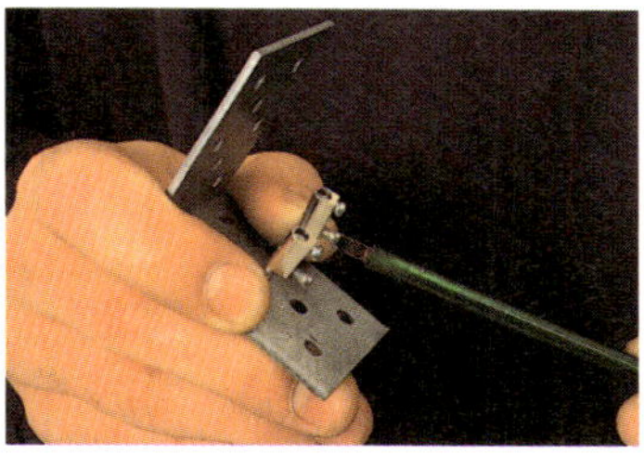

Abb. 23

stecken des Winkels. Zur Verbindung von Stab und Lampe nutzen Sie wiederum Fassungskerne von Lüsterklemmen sowie Silberdraht. Die Fassungen schrauben Sie an dem Leuchtmittel **(22)** und am Stabende **(23)** an. Bevor Sie mit zwei 2,5 cm langen Stückchen Silberdraht Lampe und Leuchte verbinden, müssen Sie auch am Leuchtenkopf die Berührungspunkte von Winkel und Stäben an einem Stab isolieren. Dazu benutzen Sie wiederum einen Schrumpfschlauch **(24)**. Anschließend justieren Sie den Leuchtenkopf mittels

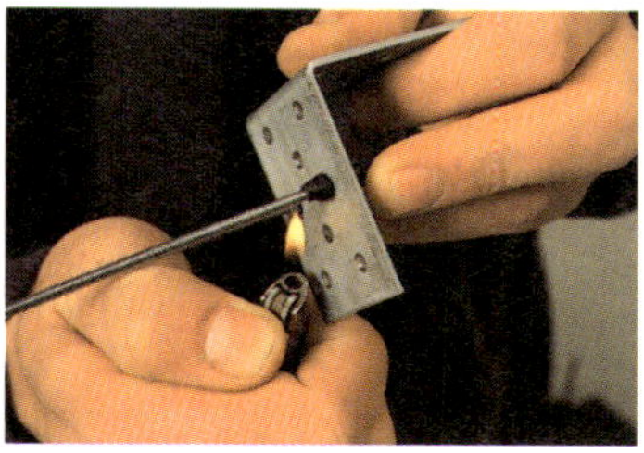

Abb. 24

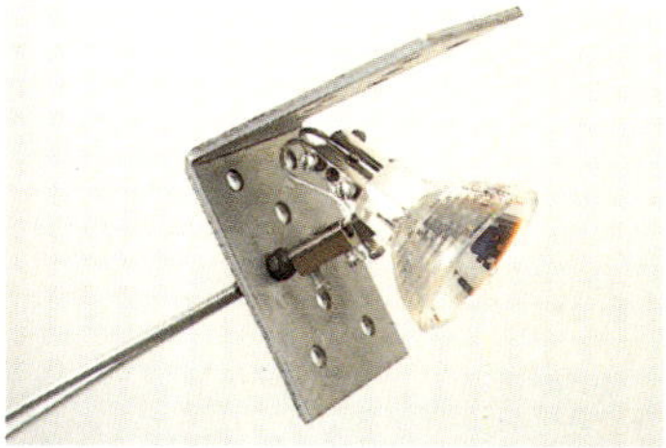

Abb. 25

Abb. 26

der Kontermutter. Jetzt verbinden Sie Leuchte und Lampe mit dem Silberdraht und biegen mit der Spitzzange den Draht so, daß die Lampe direkt in der Mitte des Winkels sitzt **(25)**.
Nun müssen Sie nur noch die Stäbe in ihre endgültige Form biegen.
Halten Sie dazu die Leuchte am Sockel fest und drücken Sie vorsichtig den Kopf gleichzeitig nach unten und in Richtung des Sockeln **(26)**. Gehen Sie behutsam vor; versuchen Sie nicht mit einem Mal die Biegung perfekt zu schaffen.

Abb. 1

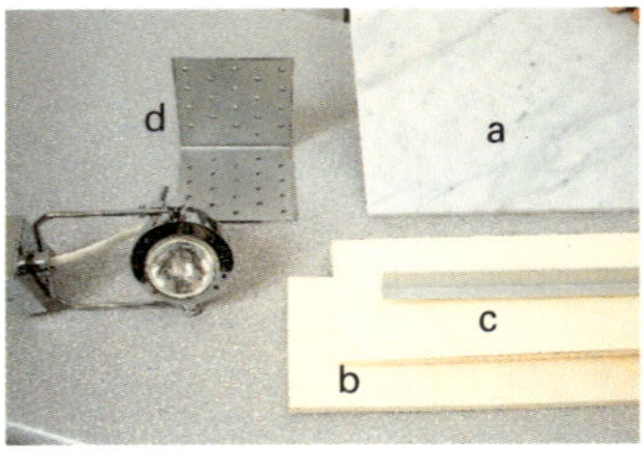

Abb. 2

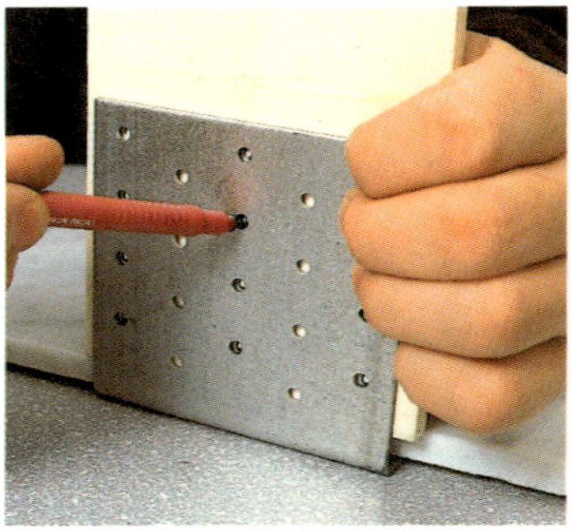

Abb. 3

Abb. 4

Objektleuchte

Strahler, die Licht zum Hinsehen gezielt auf einen ganz bestimmten Punkt im Raum lenken sollen, lassen sich in fertig eingerichteten Wohnungen nur selten geschickt installieren. Wer beispielsweise ein Kunstobjekt oder eine Pflanze mit einem Strahler von der Wand aus beleuchten möchte, für den bleibt oft nur die Lösung, optisch unattraktive Kabelzuleitungen auf Putz zu legen. Weitaus attraktiver ist dagegen eine sogenannte Objektleuchte **(1)**, die ein perfektes Präsentationsforum für das zu beleuchtende Stück schafft, ohne daß Kabelzuleitungen zum Strahler sichtbar sind.
Eine große Marmorfliese **(2**a**)** dient hier gleichzeitig als Stellfläche für das Objekt und als Lampensockel. Der Ständer besteht aus zwei 12 cm schmalen Holzbrettern **(2**b**)**, die man mit einem T-förmigen Profil aus Aluminium seitlich abschließt **(2**c**)**. Die Verbindung zwischen Marmorplatte und den senkrecht stehenden Brettern stellt ein 10 cm breiter Eisenwinkel her **(2**d**)**. Außerdem hat man den abgebildeten Strahler, der mit einer Lampe mit Spot-Charakter bestückt ist, verwendet.
Die hier gezeigte Objektleuchte besitzt eine Höhe von 1 m, praktisch aber ist die Höhe zwischen 50 und 200 cm frei wählbar. Auch

Abb. 5

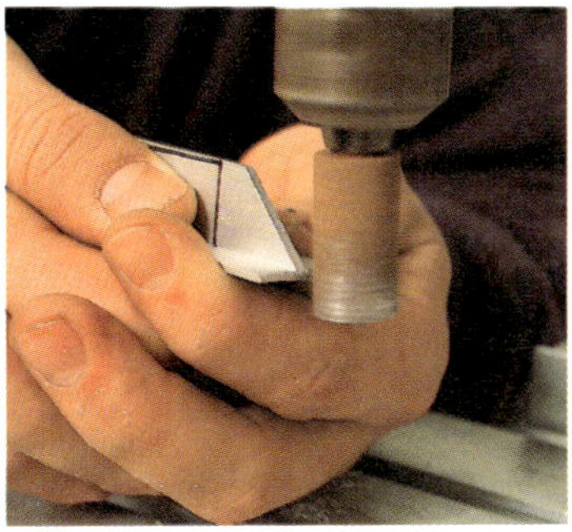
Abb. 6

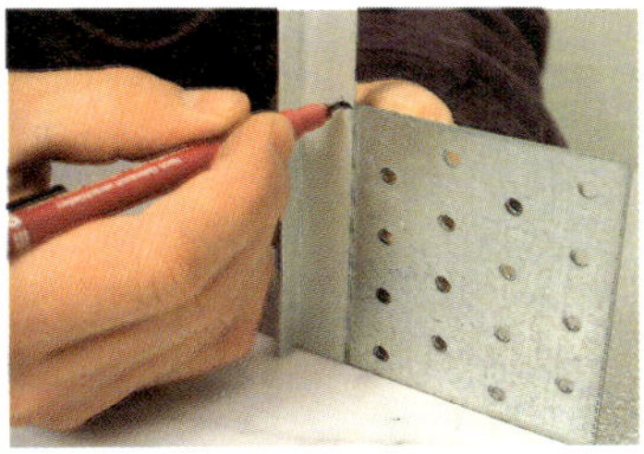
Abb. 7

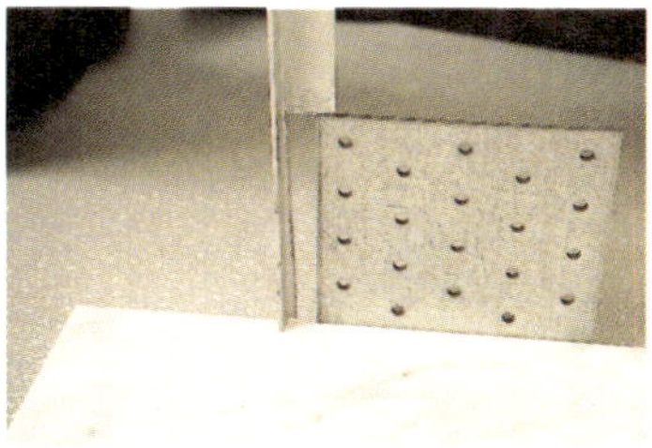
Abb. 8

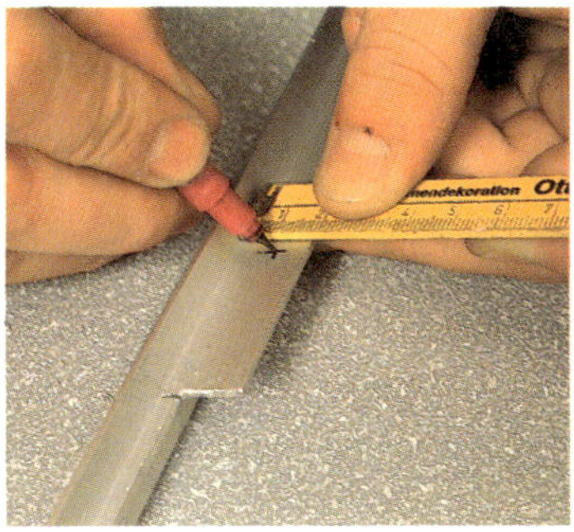
Abb. 9

Abb. 10

Abb. 11

Abb. 12

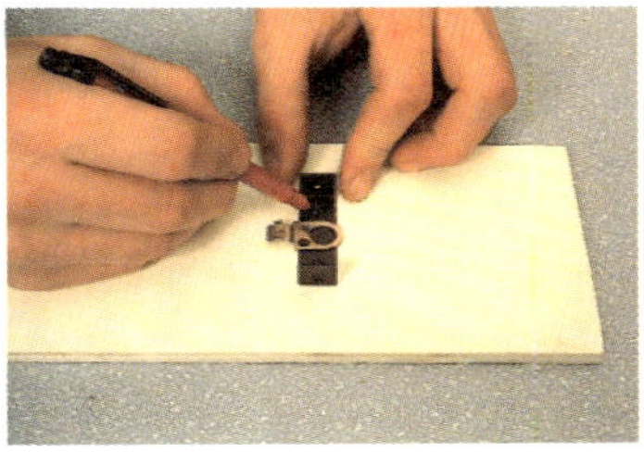
Abb. 13

kann man jeden anderen Strahler, der für eine Wandmontage geeignet ist, einsetzen.

Werkzeug:
- Gehrungssäge
- Schraubendreher
- Bohrständer und Bohrmaschine
- Schleifmittel
- Zollstock
- Stift

Material:
- Eisenwinkel (Dachwinkel), 10 cm breit
- T-Alu-Profil, 220 cm lang, 2 cm breit
- 2 Sperrholzplatten, 100 x 12 cm, 8 mm stark
- Marmorfliese, einseitig poliert, 30,5 x 30,5 cm, 2 cm stark
- Strahler zur Wandbefestigung
- 15 Holzschrauben
- Holzlack
- Kabel, zweiadrig, 3 m
- 4 Filzfüße
- Zwei-Komponentenkleber
- Klebeband
- Leuchtmittel
- Transformator
- Schnurschalter

Die benötigten Brettchen aus Sperrholz (8 mm dick) lassen Sie sich im Fachhandel auf die gewünschte Länge zuschneiden.
Zunächst bereiten Sie die Verbindung von Sockel und Ständer vor. Die beiden Bretter verschrauben Sie von hinten durch die Bohrungen des Dachwinkels.
Diese Verschraubung bereiten Sie vor, indem Sie ein

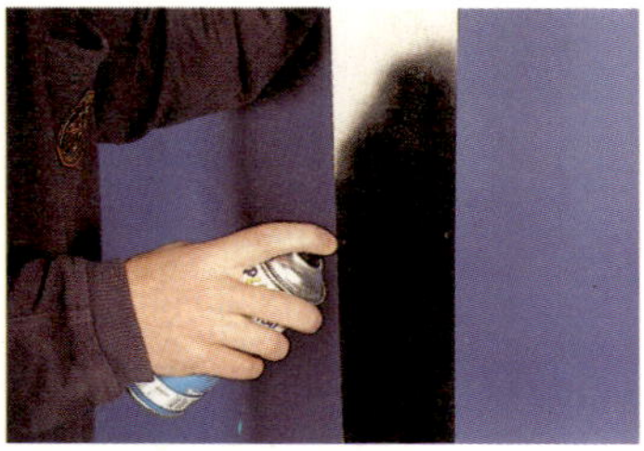

Abb. 14

Abb. 15

Abb. 16

Abb. 17

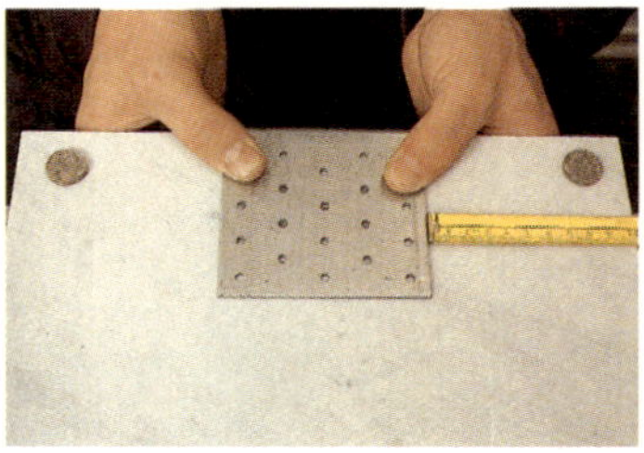

Abb. 18

Abb. 19

Brettchen senkrecht auf die Marmorplatte stellen, den Winkel unterschieben und die Lochungen anzeichnen **(3)**. Zum Bohren legen Sie beide Bretter übereinander, bohren durch das erste hindurch, das zweite hingegen nur an **(4)**. Zum Bohren sollten Sie auf jeden Fall einen Bohrständer benutzen, nur so lassen sich optimale Ergebnisse erzielen.
Das T-Profil sägen Sie dann auf die benötigte Länge zu (gleiche Länge wie die Brettchen, hier 1 m). Am oberen Ende erhalten die Profile einen Gehrungsschnitt **(5)**. Damit die Leisten bündig aneinander anliegen können, müssen Sie erfahrungsgemäß die Gehrungsschnitte entgraten. Dazu eignet sich am besten ein entsprechender Aufsatz für die Bohrmaschine **(6)**. Sie können aber auch andere Schleifmittel verwenden. Nach den beiden Seitenprofilen fertigen Sie auf die gleiche Weise ein weiteres T-Stück in der Breite der Sperrholzplatten (12 cm) zum oberen Anschluß des Ständers an.
Das T-Profil müssen Sie auf Höhe des Winkels aussparen, um die Stromleitungen am Winkel vorbeiführen zu können. Dazu legen Sie den Winkel an der T-Leiste an, zeichnen die Aussparung an **(7)** und sägen dann das Profil passend aus **(8)**. Auch die Profile sind mit den Brettern zu verschrauben. Dazu müssen Sie die Profilleiste mit Bohrungen versehen. Die Abstände sollten rund 25 cm betragen und mittig erfolgen. Nach dem Anzeichnen **(9)** bohren Sie die Profile mit Hilfe des Bohrständers aus **(10)**. Anschließend schleifen Sie ausgefranstes Aluminium mit einer Feile oder einem entsprechenden Bohrmaschinenaufsatz ab **(11)**.
Die Lochungen übertragen Sie dann auf das Sperrholzbrett für die Leuchtenrückseite **(12)**, in dem sich auch schon die Vorbohrungen für die Winkelverschraubung befinden. Danach bohren Sie die benötigten Löcher aus.
Jetzt müssen Sie noch die Befestigung des Strahlers vorbereiten. Legen Sie die Position der Halterung fest, zeichnen dann die Bohrung zur Kabeldurchführung an **(13)** und führen diese durch.
Die sichtbaren Seiten der Sperrholzplatten sollten Sie erst lackieren **(14)**, wenn Sie alle Bohrungen vorgenommen haben. Andernfalls besteht die Gefahr, daß die Farbe beim Bohren abspringt. Statt wie hier eine Sprühdo-

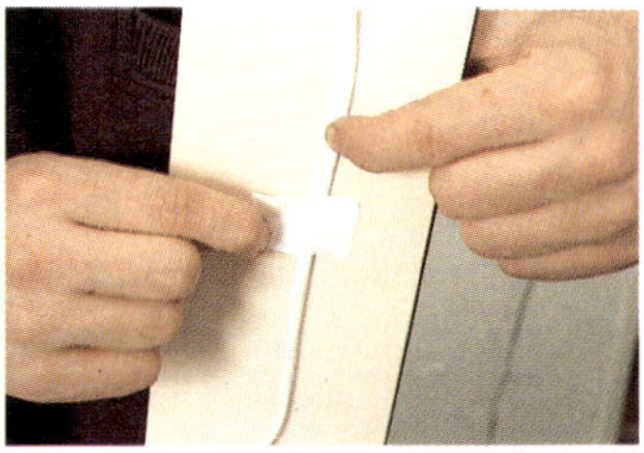

Abb. 20

Abb. 21

se zum Lackieren zu verwenden, können Sie auch Holzlack aufstreichen. Die Farbe können Sie passend zu Ihrer Einrichtung wählen.
Wenn Sie jetzt noch die Unterseite der Marmorplatte mit Filzfüßen bekleben **(15)**, sind alle Vorarbeiten abgeschlossen. Jetzt bauen Sie die Leuchte zusammen.
Als erstes befestigen Sie den Winkel am Sockel mit Zwei-Komponentenkleber. Damit der Kleber optimalen Haftgrund vorfindet, sollten Sie Fliese **(16)** und Winkel anschmirgeln und gründlich säubern. Den Kleber tragen Sie weitflächig mit einem Holzstück auf Platte und Winkel auf **(17)**. Achten Sie beim Zusammenkleben darauf, daß der Winkel mittig sitzt **(18)**. Der Kleber benötigt gut eine Stunde, bis er wirklich trocken ist.

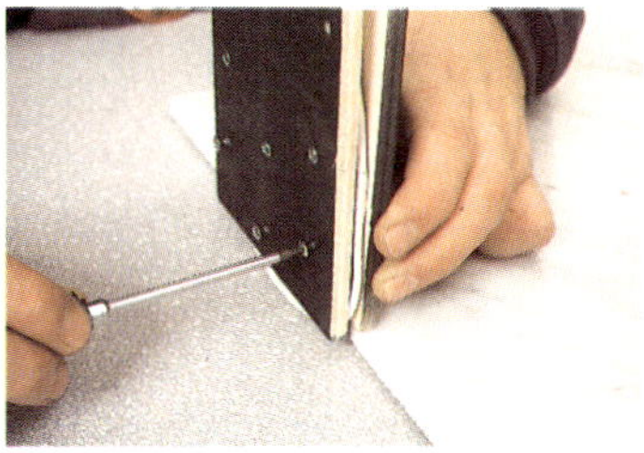

Abb. 22

Abb. 23

In der Zwischenzeit können Sie sich an den Kabelbau begeben. Oben sollten Sie die Stromleiter ausreichend weit durch das Frontbrett schieben **(19)**, um den Strahler problemlos anschließen zu können. Sie erleichtern sich die Endmontage, wenn Sie die Kabel auf der Rückseite des Frontbrettes mit Klebeband justieren **(20)**.
Das Zusammenschrauben der Platten mit den Leisten und dem Winkel (Sockel) fällt leichter, wenn Sie die Schrauben auf der Rückwand schon einmal vormontieren **(21)**.
Mit der Endmontage sollten Sie erst beginnen, wenn der Komponentenkleber vollständig ausgetrocknet ist. Dann führen Sie zunächst am Winkel links und rechts je einen Stromleiter vorbei. Nun schrauben Sie Winkel und Platten locker zusammen

Abb. 24

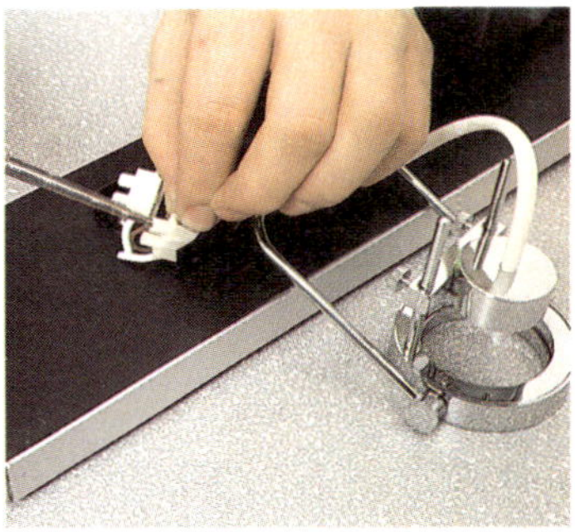

Abb. 25

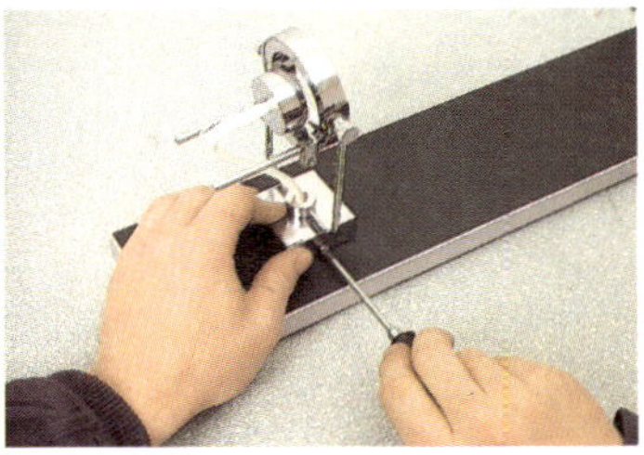

Abb. 26

(22). Erst wenn Sie auch die drei Abschlußleisten an den Seiten mit allen Schrauben justiert haben, schrauben Sie den Ständer zusammen.
Zum Abschluß montieren Sie den Strahler. Dazu befestigen Sie zunächst den Montagehaken **(23)**, entisolieren die Kabel **(24)** und schließen diese an **(25)**. Nun können Sie den Strahler anbringen **(26)**. Danach setzen Sie die Lampe ein und schließen einen Transformator mit Schnurschalter an.

Abb. 1

Stehlampe

Stehlampen bieten sowohl Licht zum Sehen als auch Licht zum Ansehen und Hinsehen. Sie erfreuen sich gerade deshalb großer Beliebtheit. Der Fachhandel bietet mittlerweile eine Vielzahl von Halogen-Stehlampen an, die sich allerdings nur selten durch hohe Standfähigkeit auszeichnen. Hier konkurriert der Anspruch, eine möglichst leicht und luftig wirkende Leuchte zu bauen, mit der Forderung nach Stabilität. Die hier vorgestellte Stehleuchte **(1)** zeichnet sich hingegen durch eine hohe Stabilität aus. Die Standsicherheit ist hier garantiert durch einen sehr schweren Sockel aus zwei großen Marmorfliesen (30,5 x 30,5 cm) mit integriertem Ringkerntransformator und vier Röhren aus Aluminium mit 1 cm Durchmesser. Die vier Röhren tragen den Leuchtenkopf, die Höhe beträgt 180 cm.

Werkzeug:
- Bohrständer und Bohrmaschine
- Kreisbohreraufsatz (Holz)
- Metallbohrer, 5 mm
- Steinbohrer, 10 mm
- Holzbohrer, 10 mm, 6 mm
- Gehrungssäge
- Spitzzange
- Abisolierzange
- Schraubendreher
- Zange
- Hammer
- Stift
- Zollstock
- Winkelschleifer
- Fliesenschneider

Material:
- 4 Aluminiumrohre, 200 cm lang, 1 cm Durchmesser
- 3 Marmorfliesen, 2 Fliesen 30,5 x 30,5 cm, 0,8 cm stark; 1 Fliese 30 x 15 cm, 0,6 cm stark
- je 1 Preßspanbrett, 10 x 100 cm, 2 cm stark; 21 x 21 cm, 2 cm stark
- Holzleiste, 60 x 2 cm, 1 cm stark
- 2 Sperrholzplatten, 15 x 15 cm, 0,8 cm stark
- Pappstreifen, 60 x 3,2 cm
- 4 Befestigungsstifte, 9 mm, mit Platte für Möbelrollen, 38 x 38 mm
- 16 kleine Holzschrauben
- 20 kleine Nägel
- 2 Kabel, 200 x 1,5 cm
- Fassung
- Ringkerntransformator
- Kabel mit Schnurschalter
- Leuchtmittel
- Klebefolie
- Lampenschirm
- Holzleim
- Alleskleber
- doppelseitiges Klebeband
- Schleifmittel
- Kabelverbinder

Abb. 2

Abb. 3

Zunächst geht es an die Montage des Sockels. Die Halterungen für die Röhren können Sie aus Stabilitätsgründen nicht auf der unteren Marmorfliese befestigen, sondern Sie müssen sie auf einer Holzplatte verschrauben. Die untere Marmorfliese dient nur als optisches Element, das man erst zum Schluß anbringt.
Der eigentliche Sockel besteht aus Preßspanplatten. Aus der Preßspanplatte (10 x 100 x 2 cm) sägen Sie vier Seitenwände aus **(2)**, die sich zu einem Quadrat zusammenfügen lassen. Sie benötigen so je zwei Bretter 10 x 25 cm und 10 x 21 cm. Die Schnittstellen schmirgeln Sie sorgfältig plan, tragen Leim auf **(3)** und nageln dann das Viereck zusammen. Bis der Leim ausgetrocknet ist, führen Sie die Bohrungen in der oberen Marmorfliese aus. Hier sollten Sie unbe-

Abb. 4

Abb. 5

Abb. 6

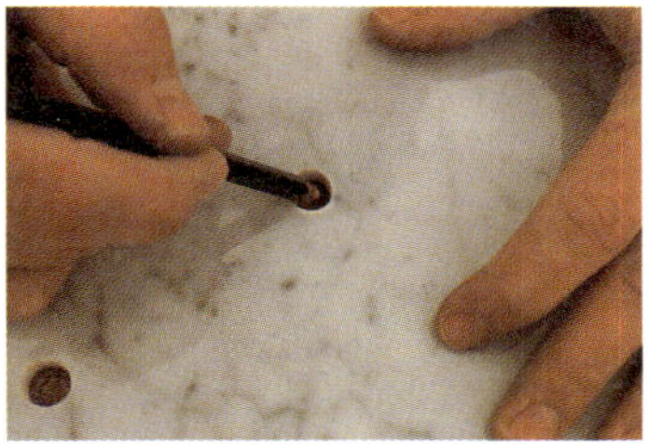

Abb. 7

Abb. 8

Abb. 9

dingt mit einem Bohrständer arbeiten, denn die Bohrungen müssen exakt ausfallen und mittig im Quadrat zueinander sitzen, andernfalls stehen die Röhren anschließend schief. Messen und zeichnen Sie die Bohrungen sorgfältig vor; die vier Bohrlöcher müssen in einem Abstand von 9 cm zueinander stehen **(4)**. Die Bohrungen selbst müssen Sie in zwei Arbeitsschritten vornehmen: Erst bohren Sie ein kleines Führungsloch in die Fliese **(5)** und führen dann erst die Hauptbohrung (1 cm) aus **(6)**. Die Lochungen dürfen nur so breit sein, daß sich die Röhren gerade hoch hindurchschieben lassen – nur so übernimmt die Fliese eine stabilisierende Funktion. Je weniger Luft die Bohrungen aufweisen, desto besser.
Nachdem die Bohrungen ausgeführt sind, legen Sie die 21 x 21 cm große Grundplatte aus Preßspan (im Fachhandel zurechtsägen lassen) mittig unter die Marmorfliese und zeichnen durch die Lochungen die Positionen für die Halterungen auf der Holzplatte an **(7)**. Die Befestigung der Halterungen erleichtern Sie sich, wenn Sie die Führungen für die Schrauben mit einem kleinen Handbohrer vorbohren **(8)**. Beim Festschrauben der Halterungen **(9)** ist auf deren exakten Sitz zu achten.
In der Mitte der Grundplatte befestigen Sie dann den Transformator **(10)**. Die Stromzufuhr zum Trafo müssen Sie ebenfalls bedenken. Dazu bohren Sie ein ausreichend großes Loch in eine der Seitenwände **(11)**. Jetzt können Sie den Holzsockel zusammenmontieren. Dazu leimen Sie die Kanten der Grundplatte ein und vernageln sie anschließend mit den Seitenwänden **(12)**. Achten Sie darauf, daß die Nägelköpfe im Holz versinken. Eine optisch attraktive Ummantelung des Holzsockels läßt sich leicht mit Klebefolie erreichen **(13)**. Sie können aber auch die Seitenwände lackieren. Allerdings müssen Sie dazu die Preßspanplatten entsprechend vorbehandeln.
Jetzt geht es an den Bau der Ständerkonstruktion. Die Röhren aus Aluminium sägen Sie mit einer Gehrungssäge auf entsprechende Länge (180 cm) zu **(14)**. Die Schnitte müssen gerade ausfallen. Achten Sie darauf, daß Sie das empfindliche Material nicht verkratzen. Durch zwei Röhren führen Sie je ein Stromkabel nach oben.
Da die Röhren unten und oben plan durch Grund- und Deckenplatte abgeschlossen werden, müssen Sie bei zwei Röhren jeweils unten und oben ein Loch für die Kabelführung einfügen. Die untere Bohrung muß einen Abstand von 4 cm zum Rohrende aufweisen, die obere

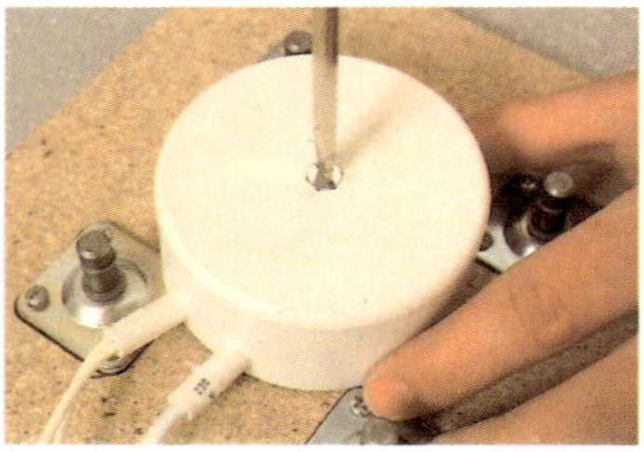

Abb. 10

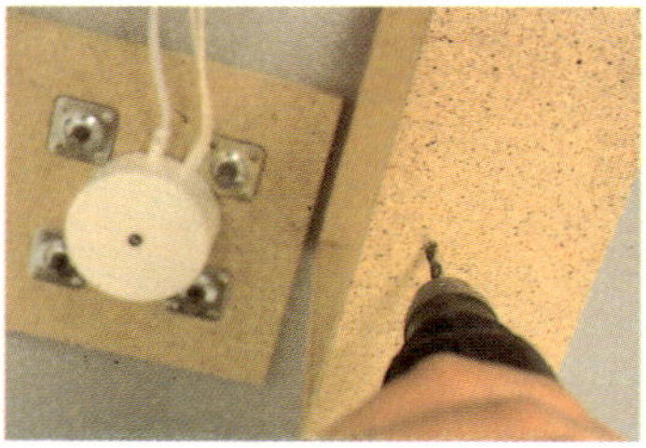

Abb. 11

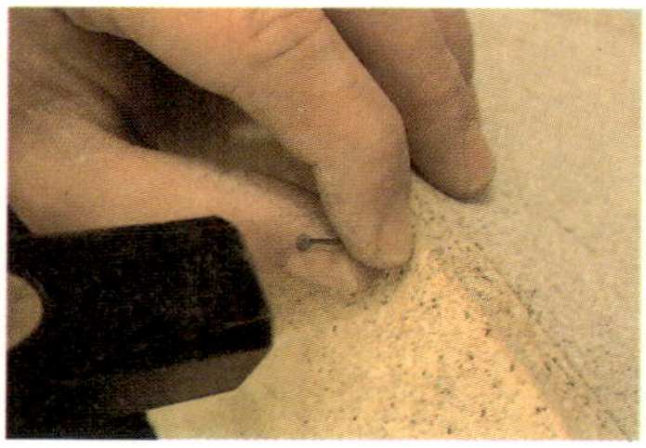

Abb. 12

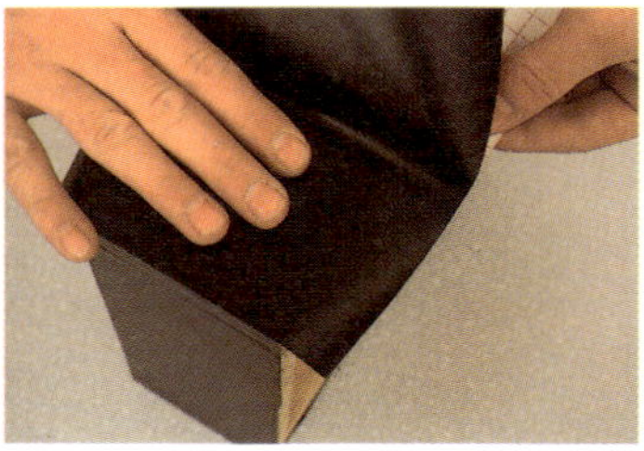

Abb. 13

Abb. 14

Abb. 15

Abb. 16

Abb. 17

Abb. 18

0,5 cm. Die Bohrung gelingt nur mit einem Bohrständer einwandfrei. Zum Schutz der Rohre gegen Verkratzungen legen Sie dabei ein Haushaltsschwammtuch unter **(15)**.
Bevor Sie an die Kabelführung gehen, müssen Sie sich dem Leuchtenkopf zuwenden. Er besteht aus einem Quadrat von 15 x 15 cm und einer Höhe von 3,2 cm. Die Höhe setzt sich aus zwei Sperrholzplatten (8 mm stark), die man durch eine 1 cm breite Leiste auf Abstand hält, sowie einer Zierabdeckung aus Marmor (6 mm dick) zusammen. Die Sperrholzplatten können Sie sich im Fachhandel auf Maß zuschneiden lassen. Aus einer 2 cm breiten und 1 cm starken Holzleiste sägen Sie vier 15 cm lange Hölzchen auf Gehrung **(16)**. Daraus fertigen Sie ein passendes Quadrat an. In die untere Sperrholzabdeckung bohren Sie entsprechend zu den Bohrungen in der Marmorabdeckplatte des Sockels vier Löcher. Hier führen Sie dann die Rohre durch. In der Mitte des Holzplättchens sparen Sie ein 4 cm breites Loch zur Lampenmontage aus. Die Bohrung nehmen Sie mit einem Kreisbohraufsatz (Holz) für Bohrmaschinen vor **(17)**. Anschließend leimen Sie die zurechtgesägten Holzleisten zu einem Quadrat auf die Platte **(18)**. In der Mitte der oberen Sperrholzplatte schrauben Sie eine Fassung für die Halogenlampe auf **(19)**. Damit sind alle Vorarbeiten abgeschlossen.
Jetzt können Sie die Leuchte endgültig zusammensetzen. Zunächst schieben Sie je ein Kabel durch die beiden für die Kabelführung vorbereiteten Röhren ganz durch. Keinesfalls dürfen Sie jetzt

Abb. 19

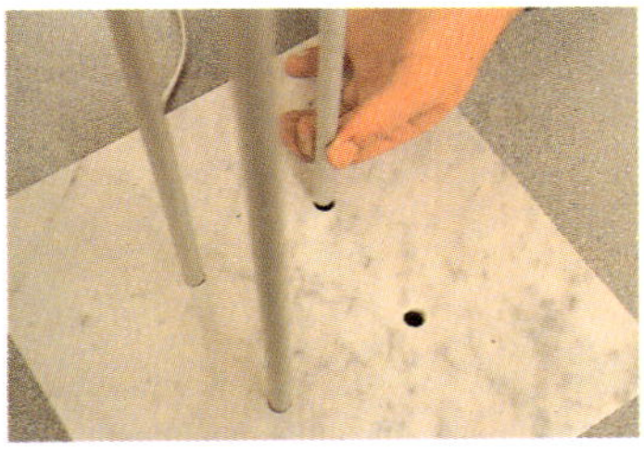

Abb. 20

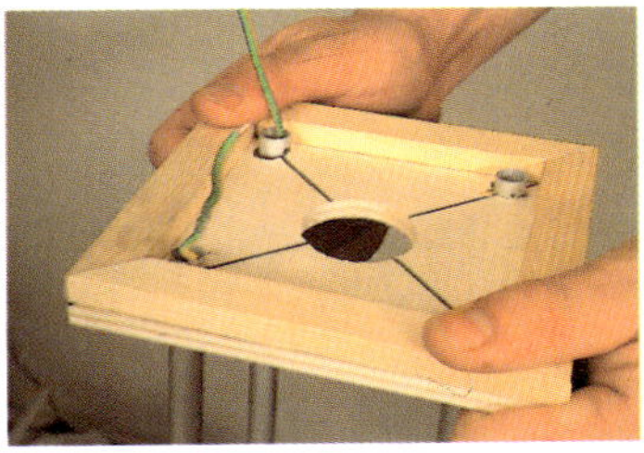

Abb. 21

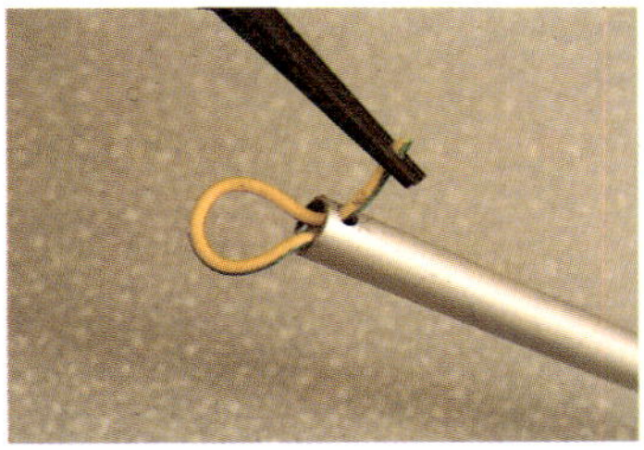

Abb. 22

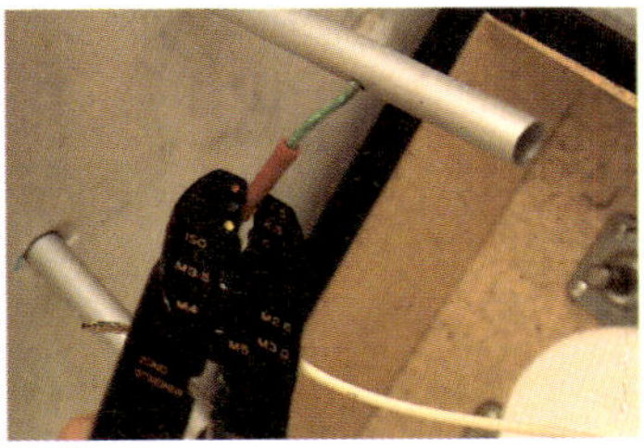

Abb. 23

Abb. 24

Abb. 25

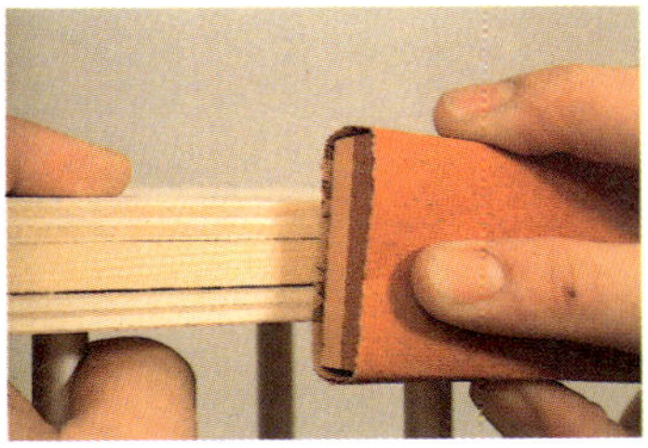

Abb. 26

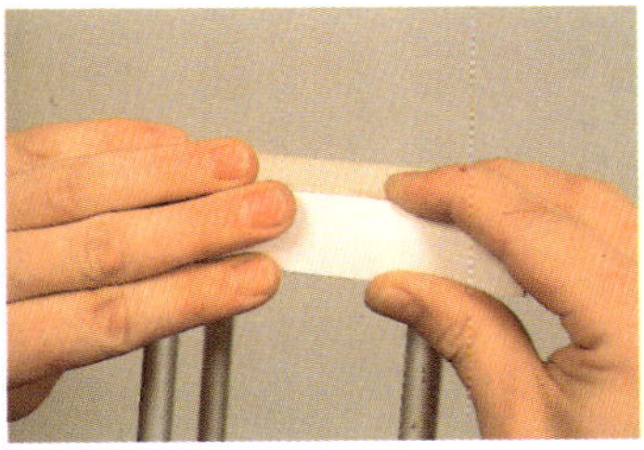

Abb. 27

schon die Kabel durch die Bohrungen der Röhre stekken. Andernfalls könnten Sie nämlich die Röhren nicht mehr durch die Aussparungen in der Marmorabdeckplatte des Sockels **(20)** und durch die der unteren Sperrholzplatte des Kopfes führen **(21)**.

Um die Kabel in ihre endgültige Position zu bringen, schieben Sie deren Enden wieder in die Röhren zurück und ziehen sie dann mit einer Spitzzange durch die Bohrungen **(22)**. Achten Sie darauf, daß Sie dabei die Isolierung nicht beschädigen. Unten schließen Sie dann die Kabel an den Transformator an **(23)**. Vergessen Sie nicht, die Stromzufuhr zum Transformator durch die dafür vorgesehene Bohrung in einer der Seitenwände zu führen.

Jetzt können Sie die Arbeiten am Sockel abschließen. Die Röhren stecken Sie auf die Halterungen der Holzgrundplatte. Dann verbinden Sie die Marmorfliesen mit der Holzkonstruktion. Da hier keine großen Kräfte auftreten, reicht es völlig aus, die Marmorfliesen und den Holzständer mit doppelseitigem Klebeband zu verbinden **(24)**.

Nun müssen Sie nur noch den Leuchtenkopf montieren. Zunächst sorgen Sie für eine Verbindung von Lampenfassung und Kabel. Empfehlenswert ist hier keine starre Verbindung, sondern die Verwendung von Klemmschuhen **(25)** – so fällt der Anschluß leichter. Denn danach müssen Sie den Leuchtenkopf schließen, dabei würden zulange Kabelwege stören. Die Deckenplatte leimt man einfach auf die Unterkonstruktion auf. Achten Sie darauf, daß die Platte möglichst exakt auf den Seitenhölzern ruht. Nachdem der

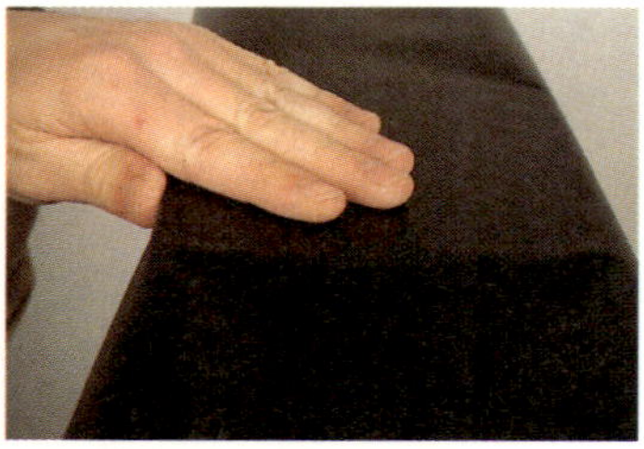

Abb. 28

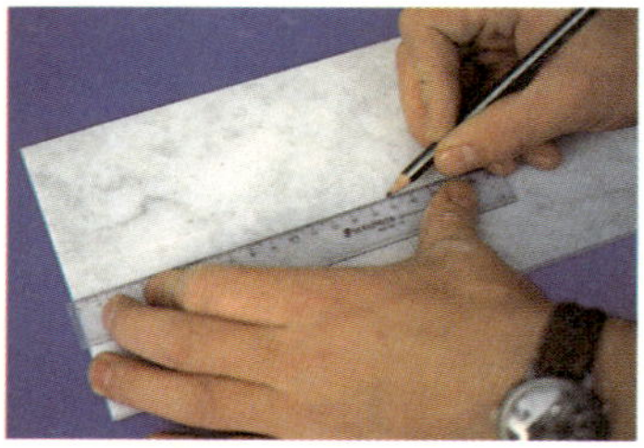

Abb. 29

Abb. 30

Abb. 31

Abb. 32

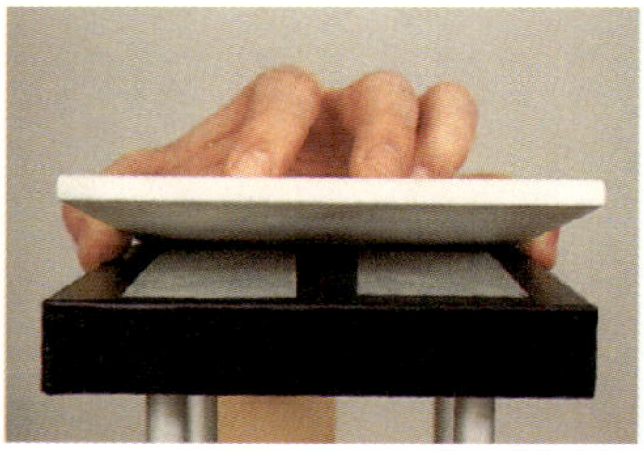

Abb. 33

Leim ausgetrocknet ist, schmirgeln Sie die Seitenflächen an den Stellen ab, an denen Platten und Leisten nicht plan aufeinanderliegen **(26)**.
Auch der Leuchtenkopf erhält einen Belag aus Klebefolie. Problematisch ist der Seitenbereich, weil es nur selten gelingt, hier die Anschlüsse völlig plan zu schleifen. Ein einfacher Pappstreifen in der entsprechenden Breite (3,2 cm), den Sie ringsum mit Alleskleber auf die Seiten des Kopfes kleben, kaschiert jedoch eventuelle Unebenheiten **(27)**. Danach kleben Sie rundum die Folie auf **(28)**. Etwas schwieriger ist dabei die Leuchtenunterseite, weil hier die Folie um die Röhren herum ausgespart bleiben muß.

Das Design der Lampe vervollständigt eine dünne Marmorplatte, die man oben auf dem Kopf aufklebt. Allerdings: Marmor zu schneiden ist nicht ganz einfach, erfordert ein wenig Geschick und Übung. Als Ausgangsmaterial dient eine kleine Marmorfliese mit 15 cm Standardbreite, die man nur einmal durchtrennen muß.
Zunächst zeichnen Sie die Trennungslinie an **(29)**. Damit die Politur nicht beim Schneiden abspringt, ritzen Sie die Platte mit einem Glasschneider entlang der Schnittkante ein **(30)**. Mit einem Winkelschleifer durchtrennen Sie dann die Fliese **(31)**. Den Schnitt legt man nicht direkt an der Schnittkante an, sondern 2 mm nach außen versetzt. Den Überstand schmirgeln Sie mit grobem Schleifpapier ab **(32)**. Um eine gerade Schnittkante zu erzielen, müssen Sie dabei einen Schleifklotz verwenden. Die so gefertigte Abschlußplatte kleben Sie dann auf den Leuchtenkopf mit doppelseitigem Klebeband auf **(33)**.
Da der Leuchtenkopf mit brennbarer Klebefolie ummantelt ist, müssen Sie ihn vor der Hitze, die beim Leuchten der Lampe entsteht, schützen. Dazu eignet sich ein kleiner, silberner Halogen-Lampenschirm, der im Fachhandel erhältlich ist. Man schiebt ihn zusammen mit der Lampe in die Fassung, darüber hinaus benötigt man keine weitere Halterung. Zum Abschluß der Arbeiten müssen Sie nur noch einen Schnurschalter zwischen Transformator und Steckdose zwischenschalten.

Abb. 1

Abb. 2

Downlightleuchte

Downlights eignen sich nicht nur dazu, sie in abgehängte Decken einzubauen. Man kann sie auch in anderen Leuchtenkörpern verbauen. In unserem Bildbeispiel möchte man eine Pflanze in der Ecke eines Raumes durch Licht betonen **(1)**. Dazu bietet es sich an, ein Downlight in ein Eckregal zu integrieren. Heimwerkermärkte bieten dafür Deko-Eckregalbretter mit Montagematerial an **(2**a**)**. Weiter benötigen Sie zur Montage ein Downlight **(2**b**)** und vier Winkel **(2**c**)**.

Werkzeug:

- Bohrmaschine und Bohrständer
- Kreisbohraufsatz (Holz)
- Bohrer, 6 mm
- Handbohrer
- Schraubendreher
- Stift
- Zollstock

Material:

- Deko-Brett, Viertelkreis, 30 cm Radius
- Downlight, 40 Grad schwenkbar
- 2 Holzleisten, 3,5 x 25 cm, 2 cm stark
- 4 Winkel
- 4 Schrauben, 6 x 30 mm
- 4 Dübel, 6 mm
- 16 Holzschrauben, 3 x 10 mm
- Ringkerntransformator
- Kabel
- Leuchtmittel

Im ersten Arbeitsgang mitteln Sie das Downlight auf dem Brett aus **(3)** und zeichnen die genaue Position ein. Mit Hilfe des Bohrständers und der Bohrmaschine bohren Sie an der angezeichneten Stelle ein Führungsloch **(4)**. Dies ist notwendig, um die Kreisbohrung exakt vornehmen zu können.
Nun ermitteln Sie die richtige Größe für den Kreisbohraufsatz, in diesem Fall 6,5 cm.

Damit später die Leuchte nicht durch die Aussparung rutscht oder die Bohrung zu klein ausfällt, vergleichen Sie vor dem Bohren noch einmal die Größe des Kreisbohreinsatzes mit der der Leuchte **(5)**. Im nächsten Schritt spannen Sie das Brett im Bohrständer ein und bohren die Auslassung **(6)**. Um das Brett später an der Wand befestigen zu können, schrauben Sie an den beiden geraden Seiten zwei Holzleisten in der Länge von 25 cm mit zwei Winkeln fest. Zuerst zeichnen Sie die Löcher des Winkels auf dem Brett und den beiden Leisten an **(7)**. Dann bohren Sie die Befestigungspositionen mit einem Handbohrer vor; danach schrauben Sie die Winkel fest **(8)**. Um das Downlight in dem vorgesehenen Brett einsetzen zu können, müssen Sie als erstes die beiden Bügel nach hinten wegklappen **(9)**. Jetzt stecken Sie die

Abb. 3

Abb. 4

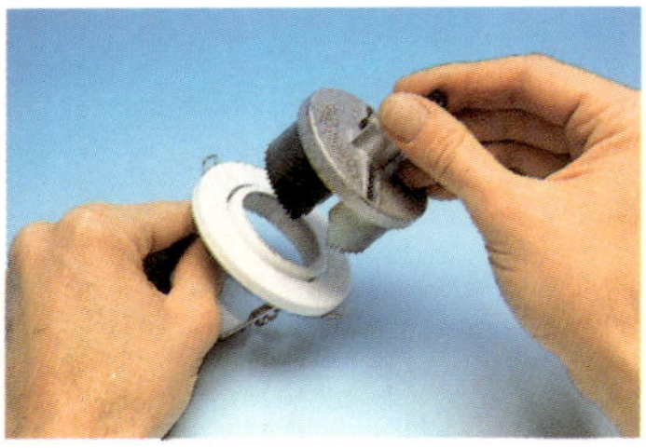
Abb. 5

Leuchte durch die Aussparung, und zwar mit den Klammern zuerst **(10)**. Wenn Sie die Klammern nun loslassen, klemmt sich die Leuchte von allein fest.
Als nächstes setzen Sie die Fassung für die Lampe in das Downlight ein **(11)**. Bevor Sie die Leuchte an der Wand befestigen können, müssen Sie die Lampe mit Hilfe eines Klemmrings in der Leuchte fixieren **(12)**.
Im abschließenden Arbeitsgang zeichnen Sie die Löcher für die Befestigung der Leuchte an der Wand an **(13)**. Mit der Bohrmaschine

Abb. 6

Abb. 7

Abb. 8

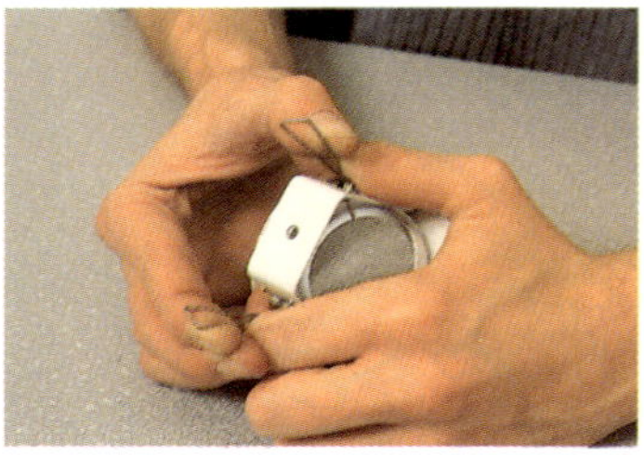
Abb. 9

und einem 6-mm-Bohrer fertigen Sie die Löcher an. Nun können Sie die Leuchte an der Wand festschrauben und sie über einen Transformator ans Stromnetz anschließen. Schalten Sie einen Schnurschalter zwischen.

Abb. 10

Abb. 11

Abb. 12

Abb. 13

Sollte von einer Stelle des Raumes aus ein Blick auf die Oberseite möglich sein, müssen Sie die Oberkante des Brettes verblenden. Dazu eignet sich ein Stück Fußbodenleiste. Sie können die Leuchte auch lackieren.

Barbeleuchtung

Unter einem funkelnden Sternenhimmel fröhlich zu feiern: Auch das macht Halogen in den eigenen vier Wänden möglich **(1)**. Die kleinen Starlights sind dafür prädestiniert. Sie werden normalerweise in abgehängte Decken fest integriert. Sie können diese allerdings auch nachträglich anbringen, indem Sie eine »Zwischendecke« (zum Beispiel eine große Holzplatte) einhängen. Der Vorteil dabei: Sie können die Holzplatte der Raumeinrichtung anpassen – in unserem Beispiel der abgebildeten Thekenform.

Werkzeug:

- Bohrmaschine
- Kreisbohraufsatz (Holz)
- Stichsäge
- Holzbohrer
- Tacker
- Messer
- Schraubendreher
- Zange
- Stift
- Zollstock
- Schraubzwingen
- Aluminiumleiste

Material:

- Preßspanplatte, 120 x 180 cm, 2 cm stark
- 8 Starlightfassungen
- Klemmleiste
- Folie, 140 x 200 cm
- Kabelverbinder
- Holzleiste, 10 x 2 cm, 1 cm stark
- je 4 Haken, 6 x 30 mm; 6 x 20 mm
- Kette, 160 cm
- 8 Holzschrauben, 6 x 20 mm
- Ringkerntransformator
- Kabel

Abb. 1

Abb. 2

Wichtig ist die genaue Planung. Zeichnen Sie sich die Grundform der Holzplatte genau auf und legen Sie dabei auch gleich fest, wie viele Starlights Sie wo anbringen wollen **(2)**. Dann übertragen Sie die Maße auf eine entsprechend große 2 cm starke Preßspanplatte, hier 1,80 x 1,20 m **(3)**. Da Ihnen der Fachhandel diese Platten nicht in Form schneidet, müssen Sie sie selbst zurechtsägen. Die gerade Führung der Stichsäge erleichtert eine Aluminiumleiste, die Sie mit Schraubzwingen längs der Schnittkante justieren **(4)**. Da Schnitte mit einer Stichsäge in Preßspan nie ganz sauber ausfallen, müssen Sie die Kanten anschließend nachschleifen **(5)**.
Als nächstes sägen Sie die Montagelöcher für die Starlightfassungen aus. Dazu benutzen Sie einen Kreisbohr-

Abb. 3

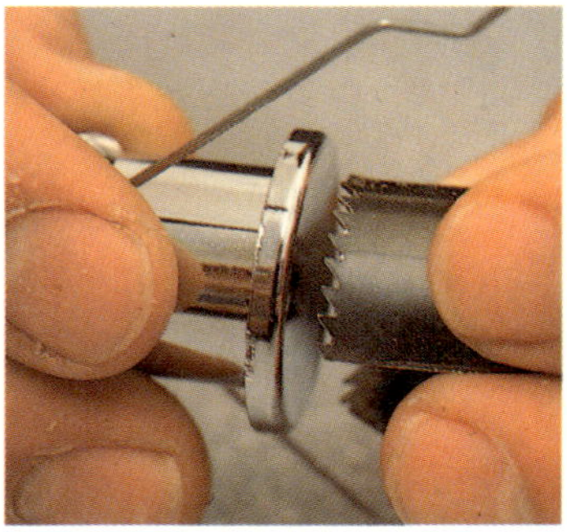

Abb. 6

Abb. 7

Abb. 4

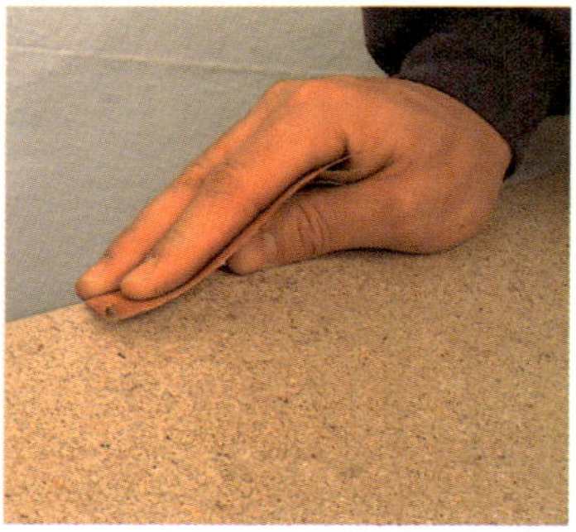

Abb. 5

aufsatz für Bohrmaschinen. Vergewissern Sie sich anhand des Aufsatzes und der Fassung **(6)**, daß das Loch einerseits groß genug ist, um die Fassung hindurchstecken zu können, andererseits aber nicht so groß ausfällt, daß die Rahmung nicht mehr auf der Platte aufliegt. Beim Aussägen **(7)** müssen Sie die Bohrmaschine exakt gerade ansetzen.
Auf der Rückseite der Platte montieren Sie jetzt die Haken zur Aufhängung. Damit diese mehr Stabilität bekommen, setzen Sie zunächst vier kleine Hölzchen auf die Platte auf **(8)** und schrauben dann die Haken durch die Hölzchen in die Platte **(9)**. Entsprechend den Positionen der Haken auf der Platte zeichnen Sie Bohrlöcher in der Decke an, bohren die Dübellöcher aus, setzen die Dübel ein und verschrauben die Haken.
Glänzende Lackfolie ist das ideale Material, um die Preßspanplatte zu beschichten. Dabei spannen Sie die Folie straff und tackern Sie auf der Rückseite der Platte an **(10)**. Nehmen Sie sich für diese Arbeit Zeit und gehen Sie sehr sorgfältig vor. Stellen Sie für diese Arbeit die Platte auf. Achten Sie beim Verspannen darauf, daß die Folie keine Wellen wirft und möglichst eng auf der Platte aufliegt. Tackern Sie zunächst die Folie an einer Längsseite fest und spannen Sie sie dann zur gegenüberliegenden Seite. Arbeiten Sie sich hier von innen nach außen vor. Überstände auf der Rückseite trennen Sie mit einem Teppichmesser ab.
An den Stellen, an denen Sie die Starlights montieren wollen, durchstoßen Sie von hinten durch die Kreisbohrungen die Lackfolie mit einem spitzen Gegenstand (kleiner Schraubendreher). Dann schneiden Sie vorsichtig von vorn die entsprechenden Stellen kreuzförmig bis

Abb. 8

Abb. 9

Abb. 10

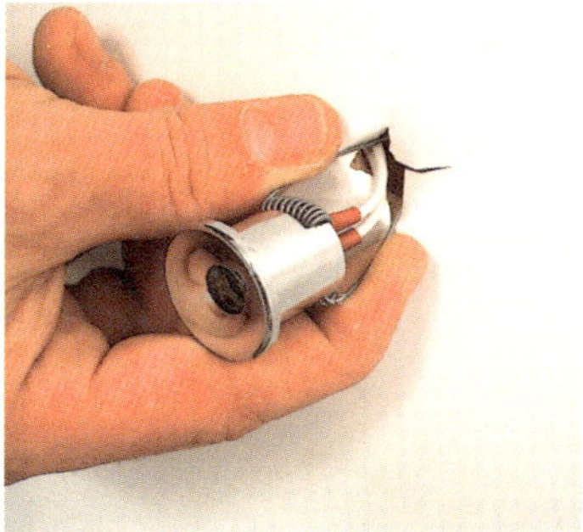

Abb. 11

Abb. 12

Abb. 13

an den Rand der Kreisbohrung mit einem Teppichmesser so ein, daß die Starlightfassung hindurchpaßt. Dann schieben Sie die Starlights durch die Lochungen **(11)**. Dazu müssen Sie zunächst die Spannbügel zusammendrücken und diese zuerst durch die Lochung schieben. Die Fassung rastet dann von allein ein.
Für die Verkabelung der Rückseite legen Sie die Platte mit der beschichteten Seite nach unten plan auf einen Teppich. So vermeiden Sie, daß Sie die Lackfolie bei den weiteren Arbeiten beschädigen. Für die Verkabelung benötigen Sie zwei Kontaktleisten, an die Sie jeweils acht Abgänge (Plus- und Minus-Strom) und eine Zuleitung anlegen können. Die beiden Kontaktleisten schrauben Sie in der Mitte der Platte fest **(12)**.
Da die Starlightfassungen recht weit auseinanderliegen, müssen Sie deren Kabel so verlängern, daß sie bis zu den Kontaktleisten heranreichen **(13)**. Je nach Größe, Anzahl und Lage der Starlights benötigen Sie mehrere Meter Kabel, in unserem Bildbeispiel 8 m.
Achten Sie auf eine saubere Kabelführung. Tackern Sie die Kabel auf einer Platte fest oder heften Sie diese zumindest mit Klebeband an. Zuletzt schrauben Sie den Transformator in die Mitte der Platte **(14)** und verkabeln die Zuleitungen zu den Kontaktleisten. Den Leistungsbedarf des Transformators berechnen Sie, indem Sie die Wattzahlen der Starlights (in der Regel 20 Watt) addieren. In diesem Fall montiert man acht Starlights, die also einen Transformator mit mindestens 160-Watt-Leistung erfordern. Deshalb hat man einen 200-Watt-Transformator verwendet. Messen Sie aus, ob die 230-Volt-Zuleitung des Transformators ausreichend lang ist, um eine Stromzuführung zum nächstgelegenen Deckenauslaßpunkt herzustellen. Andernfalls müssen Sie das Kabel verlängern.
Die Platte hängen Sie mit vier 35 cm langen Stahlketten auf. Bevor Sie die Platte an der Decke anbringen, haken Sie die Kettenenden am

Abb. 14

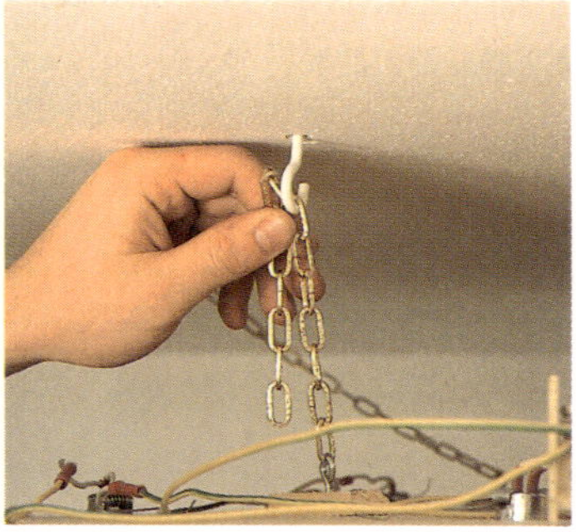
Abb. 16

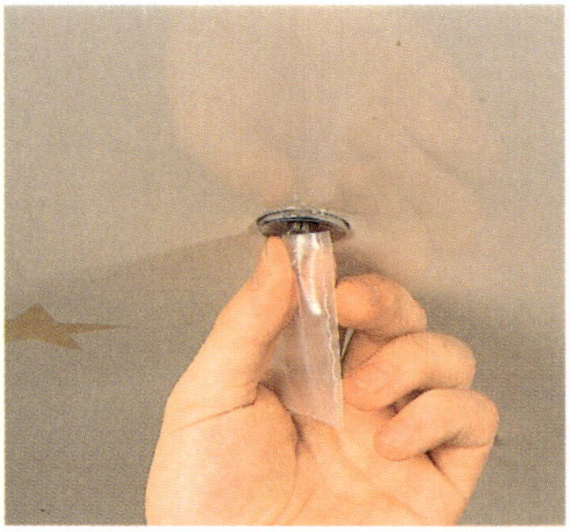
Abb. 17

Abb. 15

Abb. 18

Brett ein und schließen dann die einzelnen Haken mit der Rohrzange **(15)**.
Die weiteren Arbeitsschritte können Sie nicht allein vornehmen. Sie benötigen unbedingt einen Helfer.
Zunächst heben Sie die Platte so an, daß Sie die Stromleiter zum Transformator an den Deckenauslaßpunkt anlegen können.
Dann heben Sie gemeinsam die Platte an die richtige Position unter die Decke und haken diese dann oben ein. Sollte die Platte schiefhängen, korrigieren Sie die Höhe, indem Sie die Ketten eine Öse enger oder weiter einhängen **(16)**.
Zum Abschluß der Arbeiten bestücken Sie die Starlightfassungen mit den Lampen. Dabei dürfen Sie die Lampen nicht berühren. Benutzen Sie zum Aufstecken die Plastikhülle der Verpackung **(17)**.
Jetzt gilt es nur noch den »Sternenhimmel« mit selbstklebenden Foliensternen (in Dekorationsgeschäften erhältlich) auszuschmücken **(18)**.
Damit die Leuchte jede Partystimmung ins richtige Licht rückt, sollten Sie statt des normalen Lichtschalters einen speziellen Halogen-Dimm-Schalter anbringen.

ACHTUNG!
Hier ist Hochspannung im Spiel. Beachten Sie unbedingt die Sicherheitshinweise auf Seite 20, und drehen Sie die entsprechende Stromsicherung heraus.

Register

Die gut eingeführte DO-IT-YOURSELF-Reihe von FALKEN
bietet Selbermachern praxisbezogenes Fachwissen.
Fragen Sie Ihren Buchhändler.

Die Deutsche Bibliothek – CIP-Einheitsaufnahme

Lichteffekte mit Halogen / Johannes R. Felix. –
Niedernhausen/Ts. : FALKEN, 1992
(FALKEN Bücher) (FALKEN, do it yourself)
ISBN 3-8068-1237-3
NE: Felix, Johannes R.

ISBN 3 8068 1237 3

Titelbild: Christian Gebhardt, Pool Gesellschaft für Werbefotografie mbH, Griesheim
Fotos: Alle von Tobias Pehle, Iserlohn, mit Ausnahme von S. 5, 10, 11 (1), 12 (2, 4), 17 (2), 20 (1), 41 (1, 2, 3), 42 (4): ERCO Leuchten, Lüdenscheid; S. 8 (4), 12 (3), 13 (5), 14 (1), 17 (3, 4), 31 (1), 32 (3): Fördergemeinschaft Gutes Licht, Frankfurt/Main; S. 40 (2, 3): Tobias Grau KG, Hamburg; S. 30, 31 (2), 32 (4), 40 (1): Ingo Maurer, München; S. 7 (2), 8 (3, 5): Philips Licht GmbH, Hamburg; S. 14 (2): Hans-Joachim Schwarz, Mainz. Autor und Verlag danken allen für ihre Unterstützung, vor allem auch der Firma Conrad Electronic, Hirschau, die dem Autor freundlicherweise Bauelemente zur Verfügung gestellt hat.
Zeichnungen: Gerhard Wawra, Wiesbaden, S. 6 (1), 15 (3), 16 (1), 18 (2, 3, 4).

Satz: Publishing 2000, Angela Fromm, Idstein
Druck: Zumbrink Druck GmbH, Bad Salzuflen

817 2635 4453 6271